U0128197

曉雲法師

教育情懷與志業

曉雲法師對當代佛教教育的貢獻，不僅蘊含開創性的歷史意義，其教育思想與實踐更深具對治「心為物役」時弊的治療意義；而法師兼顧現實關懷與終極關懷的教育理想尤具殊勝性，值得高等教育或佛教教育研究者一探究竟！

修訂版

陳秀慧 著

目錄

第四章 曉雲法師的教育志業（上）
——理論篇

初版序
雲山有情覺樹開

> 「覺樹當年向此栽，初心為待至人來。
> 千秋衣缽今仍在，說法誰登舊講臺？」
> ～〈夏日過法性寺〉二首之一・明憨山大師

　　懷抱著感念師恩、繼志師道的心情，敬慎其事地完成了此書的著作與出版。整個過程雖然備極辛勞與忍耐，卻也是歡喜無限、驚奇連連！因為透過大量而細膩地閱讀導師（雲門弟子對曉雲法師之暱稱）的著作，讓末學對她老人家的人格思想、教育行誼與風範，有了更具深廣度的認識與高度的崇仰；而個人似乎也因此機緣得嚐「用志不紛，乃凝於神」的箇中三昧，領略「至誠格天」的機趣！

　　導師一如中外歷史上，許多對人類作出開創性貢獻的聖賢哲人，彼等莫不懷抱著悲天憫人的情懷、明察事理的睿智與鍥而不舍的精進願行，從而成就其不世出的豐功偉業。導師長於崇儒奉佛之家庭，自幼接受儒教薰陶、景仰孔子。二十八歲僑居香港時，初聞佛門法師講經，即被佛法美妙的意境所深深吸引！從此喜讀禪詩、醉心於祖師禪之參究；惟當時囿於孤高個性使然，約三十歲時，即預計後半生要作一名「深山一個洞，足以安坐而有餘」的出世自了漢。及至民國

四十年（1951）冬，自印遊學返港，不久親炙天臺宗第四十四代祖師倓虛老法師，與聞老法師《法華經》筵，悟天臺教觀並重之旨，便改變了一向耽沉於話頭、公案的作風，轉而參研大乘經論、回小向大，進而興發志趣一佛乘，廣度有緣人的悲願！

民國四十七年（1958），導師結束環宇周行現比丘尼相，隨即展開她以佛陀覺性教育為濟世利生慈航之志業。從此，一方面積極地自我教育，解行並進地上求佛法；一方面苦心孤詣地精研佛化教育普及社會人群之道。而在其理論與實務交參驗證的勤懇努力下，三十二年後，終於在大崙山上實現了她以「覺之教育」為基石之「二部並進」的教育理想！

導師像一株挺拔、綠蔭繁茂的大樹，植深根於儒教「仁義道德」與佛教「慈悲智慧」為養分的傳統文化沃土，充分吸收東、西方哲人智士的思想精華，不畏人心陷溺、時局艱困的現實風雨考驗，永遠面向陽光、心繫眾生，從不吝於遮人清涼、頤人慧果，故能成其大材、垂其纍實。

導師奉獻她全付生命於善導下一代的心靈慧命，她成為福蔭人類的大樹後，更寄望有緣的青年們也都能成為棟樑之材，發揮「正德、利用、厚生」的大用！民國八十八年（1999）六月九日，導師於校週會上以〈我要作一株大樹〉為題，勉勵華梵大學學子效法松柏的正直堅定、善養宇宙浩然之氣，學以致用為社會人群謀福祉，直如泰戈爾所說：「一株大樹用自己的枝葉繁茂自己的國土！」也同時莊嚴了世界。

　　末學親近導師二十四年，無論為學或處世深受她老人家影響。近三年來，為了讓更多有識之士深入瞭解這位當代比丘尼教育家聖潔的教育情懷與教育志業，從而見賢思齊同心關懷當今教育，已發表有關導師之論文三篇：〈回小向大──倓虛法師對曉雲法師的影響〉、〈曉雲法師佛教教育理論與實踐〉與〈曉雲法師教育情懷的開展與映現〉，分別刊載於《華梵人文學報》第三、四、六期。本書即是以上述研究成果為基礎，將導師教育情懷與志業作一完整而精要的論述，期望從學術研究的觀點，論證導師在當代佛教教育與高等教育的貢獻。

　　本書得以順利出版，除了要禮謝導師的栽培之恩外，還要感恩諸佛菩薩的護佑，以及身邊無以數計的貴人：家中二寶父親與母親，慷慨捐資助印；妹妹明慧幫忙鍵印資料。蓮華學佛園修慈園長、仁謙老師、圓誠老師、菁澤老師、仁益師、仁美師與仁潤師，以及華梵堂吳嘉恭居士等，感恩您們有求必應地提供許多有關導師與學佛園的資料。

　　此外，中文系隆升主任、碧玲老師，外文系張鴻彬老師與系內外其他師友的鼓勵關心；校內外專家學者，高柏園教授、仁朗法師及仁眷老師等，近年來所發表有關導師的研究論文。文物館同仁吳正富、黃啟檀兩位先生，惠予方便借閱館藏資料；會計室同仁玫苓熱心賜贈導師法照；犧牲假日休息時間，義務為拙作排版的吳量光居士；快速而精準地掌握拙作精神的封面設計高手世華表弟，讓本書得以素雅的面目收「表裏如一」之效。銘豐與惠遠兩位東研所研究生耐心而體貼地協尋資料，減省末學許多時間與體力，在在令人銘感於心！

　　要感謝的人實在太多了！最後，容許末學借用陳之藩先生的話：「無論什麼事，得之於人者太多，出之於己者太少。因為需要感謝的人太多了，就感謝天罷！」

二〇〇六年初春

＊謹以此書報答　曉雲導師二十四年教誨之恩！

修訂版序
慈雲法雨潤人華

「感謝同人朝夕心，校園柱立有指標。

願向指標仰止望，有願同過智度橋。」

　　　　　　　　～〈方外〉十一首之六·曉雲法師

　　這是導師在華梵創校初期對校內同仁表達感謝與期勉之意的詩作！「校園柱立有指標」，指的是挺立在校園內「威德莊嚴耀四方，昂藏高聳獅子王」的阿育王柱；「有願同過智度橋」的「智度橋」則係連結校舍世學館與菩提大道的智慧之橋。

　　導師生前經常誨諭從學的弟子們：人時時要有提振、激勵一己心志，讓自己仰望、嚮往，從而發願見賢思齊的事物，方能抱定宗旨、認清方向，興發為實踐理想願景而「不拐彎、不回頭，直向千山萬山去」的勇氣！

　　雖然導師色身已杳，但其人師風範將長存弟子心中！惟其遺教法音能否長流人間？她心心念念的「覺之教育」理想，是否已在大崙山華梵校園實境演出？而即將三十而立的華梵大學，當真培養出多少的「人中之華」？這些大哉問，都是置身校園中的教職員同仁們必須真誠省思，從而反求諸己，戮力同心達標的「日課」！

「不愁無廟，但愁無道！」固然現前臺灣高等教育的處境，不利於私立大專院校的發展；但末學深信：只要華梵同仁不忘導師辦學初衷（為科技高度發達、心物失衡，導致人禍頻仍的當代，培養慈悲與智慧兼具，堪任社會中流砥柱的人才。）且願以身作則，自發性地「行所當行，止所當止」，在工作崗位上，盡心力於增益華梵人的福祉，示現覺者的典範──果真如此，「慈雲法雨潤人華」（教師以慈悲與智慧之水，澆潤學生心田，助其成為具莊嚴儀表與馨香德行的「人中之華」）的華梵校園「聖景」便指日可待；而「日新富有，可大可久」的華梵校運自然順勢顯現！

末學忝為導師弟子與華梵教師，無一日或忘繼志報答師恩與克盡人師之道的志趣──十三年前，拙作初版問世；十三年後，今之修訂版付梓，均源自如是心行與願力！所不同的是：修訂版除了「感念師恩、繼志師道」外，還多了份「改過遷善」的心意與「愧對讀者」的歉意──前者指的是：初版需修正處多達三十則以上；後者則是：為如此多的疏失，向初版的讀者致上誠摯的歉意！

最後，簡要說明新版的修訂重點如下，並祈有緣的讀者不吝賜教：

一、註腳：改為隨頁註明徵引的書名，以方便讀者查閱原典。另增刪或修正部分註腳內容。

二、正文：錯別字訂正，增修部分資料。

三、【附錄一】曉雲法師年表，增列法師五十二歲與五十三歲兩則記事；【附錄二】曉雲法師著作一覽

表，增列二〇〇三年後，原泉出版社所出版的曉雲
法師著作。新增【附錄五】〈《華嚴經》對曉雲法師
的影響〉，為作者發表於《華梵人文學報》第十二
期（2009年）之論文。

陳秀慧　謹誌
二〇一九年孟春於大崙山華梵校園

第一章
緒 論

第一節　背景說明

　　被尊崇為當代比丘尼教育家的曉雲法師[1]（1912～2004），緣於自幼好學、崇仰師道，對教育之神聖性即滿懷憧憬，二十二歲（1933）便站上講壇為人師表。未出家前，已留心於佛教教育之研究；中年（四十七歲，1958）依止天臺宗第四十四代祖師倓虛老法師（1875～1963）出家後，更矢志獻身佛教教育，願為佛教教育園地作一拓荒之耕牛。[2]先是在香港透過辦學、舉辦佛教藝術畫展與佛教文藝講座，於電臺播講佛教文化講座，及主辦佛教青年夏令園等活動[3]，實踐其以佛化教育救世救心之宗教悲願。

　　民國五十六年（1967）來臺任教文化大學後，更苦心孤詣研思推廣佛教教育以淨化社會人心、維繫世道安寧之計，在其勤學篤行、實務與理論交參驗證的過程中，逐步完成以重視心靈善導與慧命開拓之「覺之教育」理論，落實其培養

1　以下行文凡不具名而直稱「法師」者，即指曉雲法師。
2　釋曉雲，《佛教教育散論・佛陀乃人類心靈大導師》，臺北：原泉出版社，1990年，頁30。
3　釋曉雲，《島嶼歲月・香港佛教文藝協會十三年前後》，臺北：原泉出版社，1998年，頁469-471。

僧材的宗教教育與納入國家教育體制的社會教育之「二部並進」教育理想的願景[4]，並因此成為有史以來，華人佛教界所創辦的第一所獲得政府認可的高等學府——華梵大學[5]的創辦人，佛教界自此不再是高等教育園地的缺席者。[6]法師不僅為當代佛教史頁添一新猷，民國八十六年（1997），更榮獲行政院頒發「國家文化獎」[7]，以表彰其在文化、教育、藝術等方面對國家社會的貢獻與影響。

　　一生與教育結下不解之緣，且為當代佛教教育與社會教育作出開創性貢獻的法師，雖然已於民國九十三年（2004）十月十五日安詳示寂，但她老人家悲智雙運與度生不倦的情

4　民國七十年（1981）第一屆佛教教育研討會，法師：「佛教教育從傳統到現代的兩方面：一是寺院制之僧伽教育（是叢林制之教化）。一是社會性之普通教化（如社會性之佛教學校）。此為『二部制』之佛教教育。……『二部制』之佛教教育，極宜推行，目前台灣不少寺院之內，設辦佛教學院，若同時在環境許可也設社會學校，在寺院佛學教育場所，兼設佛堂，善導青年對宗教信仰之課程，和指導修身立德之並進。於今在台灣而言，祇有其它宗教已有之，佛教尚未實現這工作。但在東亞如韓、日與錫蘭、泰國、緬甸等國，都早有成立，……我們自由中國的台灣寶島確是應與東亞佛教各國教育看齊，而能普施教化。佛教教育宗旨、教育意義、教育設施，對訓導、教務、乃至環境設置，都含容『二部制』之原則；簡而言之，就是佛教之社會學校之學生，都能吸收佛教教化之基本思想與精神感格。而接受寺院教育之佛教青年，也同時可吸收社會教育之知識。雙軌並進，實行兩方面的二部受益。」參見法師撰《覺之教育・佛陀教育原理》，臺北：原泉出版社，1998年，頁88-90。

5　民國七十九年（1990）創校，原名華梵工學院；民國八十二年（1993）改制為華梵人文科技學院；民國八十六年（1997）正名為華梵大學。

6　釋恆清，《菩提道上的善女人》，臺北：東大圖書公司，1995年，頁179。

7　法師受獎致詞，參見釋曉雲，《三年文集・行政院文化獎受獎致詞》，臺北：原泉出版社，2000年，頁29-31。

懷，將永駐於眾多門生、信眾與華梵人的內心深處。實際上，法師一生奉獻教育的熱情與貞恆不懈的努力，早已化身為大崙山華梵校園「二部並進」的教育盛景，亦為其教育志業的具體展現。

　　觀諸古今中外聖哲之所以能成就偉大志業者，莫不滿懷濟世之熱情願心、洞察事理之明哲睿智，與實現理想之精進行力。法師亦如是，本著以教育救世救心的無私情懷，勤學善教、精研學理，在其所揭櫫「覺之教育」的理論基礎上，以大無畏的堅定信念與「受一切苦不以為勞」[8]的菩薩行履，實踐其「二部並進」的佛教教育志業。

　　法師的教育志業兼具理想與對時代、環境補偏救弊之實際需要，在中國佛教史上是劃時代的創舉，也正是近代佛教現代化先驅太虛大師所倡「人間佛教」[9]的實踐工作；在當代臺灣佛教教育發展方面，法師為傳統培養僧材的叢林教育與現代弘法度生的佛化教育，提供了一雙軌運作、互補增益的示範；而為創辦高等學府，法師在佛教思想與施為方面，則面臨前所未有的一大考驗[10]，正如前副總統李元簇先生（1923～2017）在華梵工學院第一屆開學典禮中所說的：「這是值得佛教史上大書特書，很有意義的一件事。」[11]誠然，法師在當代佛教教育的貢獻不僅蘊含開創性的歷史意義，其

8　典出〔唐〕于闐國三藏實叉難陀譯，《大正新脩大藏經・大方廣佛華嚴經明法品第十八》第十冊，臺北：新文豐出版公司，1983年，頁96c。

9　太虛大師提倡「人生佛教」與「人間淨土」的觀念。

10　釋曉雲，《覺之教育・覺之教育理想研究之三大原則》，頁243。

11　釋曉雲，《拓土者的話・李副總統元簇先生勉詞》，臺北：原泉出版社，1994年，頁〔38〕。

教育思想與實踐更深具對治時弊（心為物役）的治療意義；而她兼顧現實關懷與終極關懷的教育理想，尤具殊勝性與普遍性，值得當代從事高等教育或佛教教育研究者用心參研，以豐厚本身教育專業的學理建構，兼拓展其施教內涵的深度、廣度與識度。

第二節　研究宗旨、材料、方法與限制

一　研究宗旨

本論文首先探尋法師教育志業的原動力——教育情懷興發、拓展與昇華之過程，以跡尋其「教育與生命結合」的因緣。復以其教育情懷的具體映現：「尊師重道」、「勤學善教」、「踐行以教育救世之悲願」，表彰法師「學為人師、行為世範」的教育家風範，與宗教家「悲天憫人、無我利他」的精神，冀有助於當代師道的提振，兼激勵有心繼志者追隨其腳步，傳承其以教育救世之願行。

其次，進一步探究：集藝術家、文學家、哲學家、宗教家與教育家等多重身份於一身的法師，為何情有獨鍾地抉擇以教育作為她宗教實踐與社會關懷的路徑？其教育思想結晶「覺之教育」理論形塑過程、內涵與特色各為何？她是如何實踐其「二部並進」的教育理想？期望透過上述問題的解答，揭露其濟世度人的慈悲情懷，探討其教育思想理論與實踐對當代高等教育與佛教教育的貢獻。

本論文內容涵蓋法師教育情懷與志業（包括教育理論之

建構與教育理想之實踐）的同步探索，為研究法師教育思想提供一完整輪廓與基礎材料；而於進行上述議題論述前，勾勒法師與教育結緣的一生，反映其以教育為主軸的生命軌跡，為後續的論述提供基本的背景資料。

　　從佛教史的角度而言，法師是華人史上第一所佛教人士興辦之高等學府的創辦人，其辦學的理念、過程與影響，本身就具有歷史研究的價值。再者，無論從當代佛教教育或當代教育學的面向來看，法師標舉的「覺之教育」，誠有其匠心獨運的慧解，具對治當前「離心教育」的治療意義，值得教育界與學術界人士參酌運用。

二　研究材料、方法與限制

　　本論文研究材料以法師所撰相關論著之第一手資料為主，旁及現有學人已發表的相關著作或論文、相關網站收錄的資料，並透過諮詢訪談法師從學弟子，蒐集口述資料。法師著作等身[12]，箇中以《東西南行散記》[13]、《清哦集》、《泉聲》、《淨苑隨筆》、《四時散記》、《島嶼歲月》、《語絲》、《環宇周行散記》、《環宇周行前後》、《三山行跡》、《曉風散記》、《開示錄》與《佛學獻詞》等書，提供了法師豐富的生命史料，或為旅遊參學之記事與心語，或為個人日常生活為學與

---

12 法師著作書目詳如附錄（二）。

13 本段與下一段所列法師著作（第一手資料）皆由原泉出版社出版，各書詳細出版年份，參見本書附錄（二）。第二手資料之出版年份，詳見下文相關註腳。

修養之反思，或為演講開示、讚頌序跋與師友追憶之信文，
為本著作前半部有關法師教育情懷之撰述的主要參考依據。

法師有關教育的論著：《覺之教育》、《覺之教育講話》、
《覺之教育摘錄》、《佛教教育講話》、《佛教教育散論》、《佛
學散論》、《佛教園地》、《拓土者的話》、《華岡緣影錄》、《教
育‧文化》、《三年文集》，與由法師發起之歷屆國際佛教教育
（文化）研討會論文集（1982～2002）、天臺學會研討會論文
集（1996～2005），以及由華梵大學人文教育研究中心承辦之
「覺之教育學術研討會」論文集（2000），蓮華學佛園《十週
年紀念特刊》、《二十週年紀念特刊》與《三十週年誌慶》、華
梵佛學研究所《十週年紀念特刊》、《二十週年紀念專輯》
等，第一手與第二手資料，則為本著作後半部有關法師教育
志業理論與實踐的論述依據。

本論著以文獻分析與歷史研究法為主要研究方法，著重
法師教育情懷與教育志業發展之歷史脈絡的釐清與客觀系統
的呈現，期以學術研究的觀點，為法師在當代佛教教育的貢
獻確立其應有的地位。唯囿於個人學養與時間之限，本論
文目前僅能先勉力完成前述之目標，期待日後能依據法師
〈覺之教育理想研究之三大原則〉，持續關懷「覺之教
育」於華梵大學校園實施的成效，「針對如何影響青年人
對內外生活之重視與心靈之培養」[14]作進一步的探討，希
望能為科技掛帥、心物失衡的當代，培養具深厚人文素養
的專業人才。

---

14 釋曉雲，《覺之教育‧覺之教育理想研究之三大原則》，頁246。

第三節　本書章節簡介

　　第一章「緒論」，共分：「背景說明」、「研究宗旨、材料、方法與限制」與「本書章節簡介」三小節，各節內容詳如本章內文。

　　第二章「曉雲法師與教育結緣的一生」，本章以教育為主軸，藉相關生命史料，貫穿法師自學與化他的生命歷程，以凸顯其與教育結緣的一生。本章依下列六小節分述之：

一、童蒙至少女時期

　　——詩畫為友、玄思為伴

　　一歲至十七歲（1912～1928）

二、香港麗精美術學院時期

　　——拜師學藝、初為人師

　　十八歲至二十九歲（1929 ～1940）

三、烽火連天西南行

　　——殷憂啟聖、發出家願

　　三十歲至三十四歲（1941～1945）

四、東南行

　　——遊學聖域、寓教於畫

　　三十五歲至四十歲（1946～1951）

五、島嶼歲月并環宇周行

　　——回小向大、入如來家

　　四十一歲至五十五歲（1952～1966）

六、三山（陽明山、光明山、大崙山）行跡

　　──興學育才、貞定不渝

　　五十六歲至九十三歲（1967～2004）。

　　第三章「曉雲法師教育情懷的開展與映現」，本章首先根據法師相關論著與事例，還原其教育情懷興發、拓展與昇華的過程，文中分別以「自幼好學、崇仰師道」、「從人生哲理的探微到棲心於佛陀的聖教」與「從有所為到無所得」為子題陳述之。其次，分別列舉法師有關「尊師重道」、「勤學善教」與「踐行以教育救世之悲願」的事例，以具體映現法師的教育情懷，顯彰其不世出的教育家風範，與宗教家大悲普度的精神。

　　第四章「曉雲法師的教育志業（上）──理論篇」，分兩小節。第一節探討法師「抉擇獻身佛教教育以為弘道淑世、淨化社會人心之因」，內容按：「佛教教育為人類之所需」、「繼志倓虛老法師為佛教培養人材」、「佛教應世弘道、淨化社會人心之根本下手處」及「對治時代『心物相離』之弊病」等四項說明。第二節「曉雲法師教育思想結晶『覺之教育』」，則先從「『覺之教育』理論形塑之歷史回顧」談起，依次論述「『覺之教育』理論依據」、「『覺之教育』的內涵」與「『覺之教育』的特色」。

　　第五章「曉雲法師的教育志業（下）──實踐篇」，分三小節，依序陳述蓮華學佛園、華梵佛學研究所以及華梵大學的「創辦緣起」、「創辦宗旨」與「辦學特色」。

　　第六章「結論」援引東西方教育、心理與宗教研究學者之相關論述，印證法師教育情懷與教育志業之殊勝義與普遍性，及其對當代高等教育與佛教教育所作的貢獻。

第二章
曉雲法師與教育結緣的一生

　　民國六十九年（1980），法師在蓮華學佛園十週年紀念特刊《風送蓮香》中，曾說：「『教育』二字的意念恆在我心身腦海，幾乎佔據了我人生歲月及精神時間百分之九十九，無論在自我教育的教導自己（禪行與反省沈思……）或教化他人，即使在藝術創作於畫室中，我也感到是一種教育的境界。」[1]當代易學家張廷榮先生（1917～2004）在華梵工學院創校之際（1990），引《易繫辭下傳》：「天地之道，貞觀者也；日月之道，貞明者也；天下之動，貞夫一者也。」[2]表彰法師數十年如一日，以貞定、貞一、貞恆的精神，平實而穩健地開展其教育聖業。[3]同年法師接受媒體採訪時說道：「教育工作與我的生命是一體的，它將陪我到生命的最後一天……」[4]

　　民國九十三年（2004）十月十五日，法師圓滿此生以教育濟世的悲願，安詳示寂於實現其「二部並進」教育理想的

1　釋曉雲等，《風送蓮香‧論現代佛教教育之趣向》，臺北：原泉出版社，1980年，頁17。

2　〔魏〕韓康伯注、〔唐〕孔穎達疏，《十三經注疏‧周易正義》，臺北：藝文印書館，1993年，頁166上。

3　張廷榮等，《華梵工學院創校史‧曉雲導師貞一教育記》，臺北：華梵工學院公共關係室編印，1990年，頁42-44。

4　同上註，頁7。

大崙山上。這位一生心繫教育的「華梵之母」，其獻身教育的熱情與貞恆的努力，為後人樹立了不朽的教育家典範！本章以教育為主軸，藉相關生命史料，貫穿法師自學與化他的生命歷程，以凸顯其與教育結緣的一生。

第一節　童蒙至少女時期
——詩畫為友、玄思為伴

（一歲至十七歲，民國元年～十七年，1912～1928）

法師係民國元年（1912），農曆八月二十一日[5]，生於廣州附近村莊花地，俗姓游，乳名阿崧[6]，幼年入學時名婉芬，十八歲入美術學院時名韻珊；及長，屬名游雲山。[7]為家中長女，祖父從事粵劇經營，父親游西霖以編曲為業，雅好閱讀與歷史掌故，經常來往於粵、滬間，事業小有成

5　身份證上所記載為民國二年（1913）八月二十一日出生。

6　據法師門徒仁朗法師之說：法師的父母，因法師的出生，一掃多年來無子之憂，大大「鬆」了一口氣，因此為彼取乳名阿「崧」（與「鬆」字諧音）。

7　釋曉雲，《三山行跡‧宿緣深厚的筆墨生涯》（a），臺北：原泉出版社，1998年，頁109。本書有兩個版本，另一版本（b），出版於2005年；兩本主要差異，即在本篇內容有些微出入。法師曾云改名之因：「本人屬名『游雲山』（原名：游韻珊）後來入美術學院讀中國文學、中國繪畫史，心愛雲山境界之意境超越，因山高才能接近雲，更且高峰不礙雲飄。」又云：「我的名字游雲山，我的生活在山水之間才得以自由自在，於大自然中，心靈感到非常活潑，這是受到詩境的薰陶。」參見法師撰《東西南行散記‧獨上峨嵋寫冰雪》與《東西南行散記‧東西南行後續言一》，臺北：原泉出版社，1998年，頁9、230。

就；母親名郭趣[8]，全家經濟生活無虞。家人遵循傳統禮教崇儒奉佛，常全家參加廟會。法師曾云：「我家是佛教家庭，逢年過節時全家人常一起參加廟會，到廟裏燒香許願。家中的事不論大小，祖母都會當天跪在觀音娘娘像前，誦經求平安。每當祖母唸經時，我總陪侍在旁，跟著她念佛。」[9]

　　約五歲多時，家人恪遵古禮，鄭重其事地送她入書館（即私塾）接受啟蒙教育，讀《三字經》。在〈從啟蒙時代到站上教壇〉文中，法師有如下之追憶：

> 一清早，賀客盈門，……祖父[10]特別請來一位年長的老師，他翻開紅皮書的一頁，指著教我跟著讀兩行，至今仍記得是：「揚名聲，顯父母，光於前，榮於後。」讀完之後，老師把著我的手，在紅字的練字簿上填寫。那些字個個都很少筆畫的，如「上大人孔乙己化三千七十士」……經過了這個儀式之後，有幾個人一同送我到三姑姐就讀的那個書館去。[11]

8　法師云：「母親生我時，死了一天一夜，這是我祖母告訴我的，後來一位老人來了看到這般情形，便教我祖母用一個鍋子燒熱後蓋在母親頭上，之後才又活了起來。」參見法師撰《開示錄‧梁皇法會開示（四）》，臺北：原泉出版社，1997年，頁180-181。

9　釋曉雲，《三山行跡‧宿緣深厚的筆墨生涯》（a）本，頁109。

10　法師：「祖父對我有深沈的愛護，……。」參見法師撰《四時散記‧夏日散記》，臺北：原泉出版社，2003年，頁107。

11　釋曉雲，《環宇周行前後‧從啟蒙時代到站上教壇》，臺北：原泉出版社，1995年，頁561。

　　到了書館，當時陪同的家人先將三本紅皮書、一大把芹菜放在棹上，另將一大塊以紙包著的糯米餅放在椅子上，要她象徵性地坐一下。蓋「芹」與「勤」諧音，當天她要吃芹菜，象徵勤學不倦；糯米餅有黏性，有助學子安坐其位，克盡學習的本分，皆極具教育之意涵與趣味！待學館老師來到後，先焚香燃燭，教她拜至聖先師孔夫子像[12]；之後，打開紅皮書第一本第一頁，教道：「人之初，性本善，性相近，習相遠……。」當天中午回家用餐，家人特別為她準備一顆紅蛋黃，因為：「有紅心好學。」[13]

　　法師七歲時，轉入規模較大的書館就讀，熟背四書五經與唐宋詩詞、千家詩、古文等，直到十二、三歲。[14]由於生性好靜[15]，除了唸書以外的時間，她很少和弟妹們[16]一起嬉戲，「總是一個人待在佛堂裏沈思，想著人世間的種種事情，也試著去體會戒定慧的法喜。」[17]在〈夏天來了〉一文中，法師提及自幼即「喜歡早晚坐在月台的花階上，獨個兒沈思，甚至不知在想著什麼，但我老是喜歡如此的習慣。」[18]體弱畏寒的她，冷天不敢外出，也因此每逢夏天來臨之際，

---

12 法師自幼崇仰孔子，一生唯一看過的一部電影即《孔子傳》。

13 釋曉雲，《環宇周行前後・從啟蒙時代到站上教壇》，頁562。

14 同上註，頁562-563。

15 法師回憶她的母親甚至對她說：「買個金牛給你，看你出聲不出聲？」參見法師撰《三山行跡・宿緣深厚的筆墨生涯》（a）本，頁110。

16 連同庶母所出，共有弟妹十一人，惟五名早逝。參見「佛教數位博物館──佛教人物《曉雲法師》壹、生平行誼一、體驗無常幻化的嶺南女畫傑」，原泉出版社提供，法師審定，2002年冬。

17 同註15。

18 釋曉雲，《語絲》，臺北：原泉出版社，1999年，頁3。

總讓她心情為之雀躍不已，成為她童年生活中最喜悅的一面。[19] 無憂無慮的童年，她就如此用沈思默想去填滿它；法師自稱是沒有童年生活的人，詩、畫從小就成了她生活中的重要興趣。[20]

　　稍長，就讀新時代的學堂，又讀中學。惟當時她覺得學堂所教的書太淺，白話文又多，讀起來沒味道，因此常常不想上學，但會主動溫習背誦以前的功課、找古書讀，尤好古人詩詞。[21]

第二節　香港麗精美術學院時期
──拜師學藝、初為人師

（十八歲至二十九歲，民國十八年～二十九年，1929～1940）

　　少女時代，因家庭發生變故[22]，更感世事之幻化無常，每夜坐露臺，思惟人生之渺茫。[23]十八歲那年（1929），考進

---

19 同上註。

20 魏斯綺等，《慧像‧創造人間淨土的宗教家》，臺北：原泉出版社，1994年，頁1。

21 釋曉雲，《環宇周行前後‧從啟蒙時代到站上教壇》，頁564。

22 法師曾云：「早在我青年時代，由於家境忽然變遷，父親有了庶母之後，對於我們母女的照顧有許多不同。」參見法師撰《島嶼歲月‧島嶼隨筆》，頁43。

23 參見「佛教數位博物館──佛教人物《曉雲法師》壹、生平行誼一、體驗無常幻化的嶺南女畫傑」。

香港麗精美術學院。[24]就學於美術學院期間，一面學畫、研究畫史，一面自學，積極追尋中國詩詞、古文等學問[25]，曾利用假日及晚間，遊學於詩書畫俱佳的古文專家李礪明老師門下。四年後畢業，旋入研究班並在香港中環孔雀廳展覽會場舉辦第一次個人畫展[26]，時年二十二歲（1933）。同年，應邀任教於香港銅鑼灣天主教聖保祿中學[27]，教授高中的國文與美術科目。[28]不久，拜嶺南畫祖高劍父（1879～1951）為師[29]，曾云：「拜師當天舉行了隆重的三跪九叩禮，並奉上二十塊白銀為贄禮，我恭恭敬敬地成了高老師的弟子，從此以後一天也不敢怠慢。」[30]民國二十三年（1934），又接任九龍名校麗澤女子中學美術老師，深體教學相長、助人即助己之樂！隨後，法師更在廣州籌辦「韻風藝苑」，惜剛招生已有成

---

24 法師：「習畫對我來說是讀詩的延續。早在初讀千家詩時，我就被優美的文句深深吸引，讀罷唐詩、宋詞後，我更是嚮往用畫筆來呈現詩中意境。」參見法師撰《三山行跡・宿緣深厚的筆墨生涯》（a）本，頁110。

25 釋曉雲，《東西南行散記・東西南行後續言二》，頁237。

26 法師：「那時很不喜歡自己的字，對自己的畫仍覺許多欠妥。」參見法師撰《環宇周行前後・從啟蒙時代到站上教壇》，頁565。

27 離美術學院不遠，當時校長姓程，為一修女。教務主任為名女畫家楊素影（為高劍父老師之學生），法師即是因她的力勸而接受該校教職。同上註。

28 同註26。

29 番禺高劍父、高奇峰與陳樹人並為現代嶺南畫派第一代，早年均師事清末畫家居廉，後皆曾「留學日本，進修畫藝，引進西畫技巧，作品題材多寫中國南方風物，在運用中國畫傳統技法基礎上，融合日本南畫和西洋畫法，注重寫生，創立了色彩鮮艷明亮、水份淋漓飽滿、暈染柔和勻淨」的現代國畫新風格。參見雄獅中國美術辭典編輯委員會主編，《雄獅中國美術辭典》，臺北：雄獅出版社，1989年，頁80。

30 參見法師撰《三山行跡・宿緣深厚的筆墨生涯》（a）本，頁110。

績，便因抗日戰爭而中輟！[31]

　　大約在民國二十八年（二十八歲，1939）左右，以地緣之便，法師常在美術學院附近的佛教菩提道場和崇蘭中學聽經。[32]在往後的日記中，她有如下之追述：

> 我最初是到菩提道場聽顯慈法師講《心經》[33]，但只是隨喜功德，仍不大會〔經〕[34]旨深義，及後蓮社講《壇經》[35]（寶淨法師講），那時我真不計辛勞的時時往聽，幾乎非有要事則不缺席了；漸覺聽《壇經》有深悟義於內中時時發動──所以此時期的內中生活：耽玄默想亦在一種繁忙中混入而且佔了位置，及聽至「無為而無所不為」的至理，與「棄有而就空，如避溺而投火」的真如解，我則於小冊子中寫了不知幾多頁之筆記，實認此為得未曾有的啟示（法師曾言：此為其學佛里程中之第一步啟迪。）[36]……。[37]

　　深愛藝術的她，「在聽經後覺得佛法的意境比文學、詩詞

---

31 在易劍泉長老的協助下向教育廳立案，參見法師撰《語絲・心影一瞥》，頁144。

32 該校女校長曾碧山為一虔誠佛教徒，每在假日禮請法師大德講經。參見法師撰《環宇周行前後・從啟蒙時代到站上教壇》，頁565。

33 〔唐〕玄奘譯，《大正藏》第八冊，頁848a-848c。

34 原文疑似闕漏此「經」字。

35 即《六祖壇經》。參見〔元〕宗寶編，《大正藏・六祖大師法寶壇經》第四十八冊，頁347c-362b。

36 釋曉雲，《四時散記・春日散記》，頁3。

37 釋曉雲，《四時散記・夏日散記》，頁109。

更深遠，此後便將閱讀文學作品的時間挪來讀佛書，尤其喜讀禪詩。『自從識得曹溪路[38]，了知生死不相干』[39]」[40]雖然她因勤於自學與教人而日夜在忙，健康也因此受影響，但自覺生活很充實、滿足，很有法樂之感。處在戰亂時期，她仍然不忘讀書、作畫、學佛，既是學生又是老師；即使學期結束，仍然繼續在廣東文藝學院上課。[41]

從下列引文，可以很清楚看到她在這個階段中，學養與畫藝的進階成長；而其心靈也因受佛法的薰陶，展現在畫作上，自有超越高妙的意境，是以法師在三十歲之前，就享有「嶺南女畫傑」的雅譽。[42]

> 當時對禪機得〔得〕[43]之活用，似能深心密契；而對中國文學與藝術，和佛經中之旨意，亦時時參究匯融，且漸對佛法禪悅之耽思，代替了往昔耽思詩文畫想的用心。八年港九教學研究、聽經，耽禪的歲月，對畫想與創作，已從文思畫意，而緣緣到佛經禪意的命題創意，如早期的畫題「山雨欲來風滿樓」、「春潮帶雨晚來急」[44]、「雲破月來花弄影」[45]、「朝暮十影」

---

38 指六祖慧能的禪法，六祖曾住錫於曹溪，今廣東境內。

39 典出〔唐〕玄覺撰《永嘉證道歌》：「自從認得曹溪路，了知生死不相關。」參見《大正藏》第四十八冊，頁396a。

40 釋曉雲，《三山行跡・宿緣深厚的筆墨生涯》（a）本，頁111。

41 釋曉雲，《東西南行散記・東西南行後續言二》，頁239。

42 魏斯綺等，《慧像・創造人間淨土的宗教家》，頁3。

43 原文似漏一「得」字。

44 參見釋修慈等撰《雲山依舊映我心——曉雲導師圓寂紀念專集・丹青墨寶》，臺北：蓮華學佛園編輯委員會，2005年，頁113。

等描寫自然景色，進而寫「水月通禪意」[46]、「但教心
比蓮華潔」、「一切應作如是觀」（曇花）[47]，真是「畫
意禪心兩不分」。[48]

第三節　烽火連天西南行
──殷憂啟聖、發出家願

（三十歲至三十四歲，民國三十年～三十四年，1941
～1945）

民國三十年（1941），正值畫藝創作盛年的法師，初因大
病痊癒，深心渴望探究神秘的精神領域，遂「想出一個方法
以離開繁囂的都市與物質的受用」[49]，擬抽閒一、兩個月，
動身至「山水甲天下」的桂林，一探灕江景色。復以時局不
靖、內地烽煙四起，為了體驗抗戰期間的憂患生活，深化人
生思忱，決意遠行自香港至桂林小住。[50]

大概在該年四、五月初夏之際，她從香港皇家碼頭乘輪
船到廣州灣轉往桂林[51]，抵桂林一個多月，旋因香港淪陷於

---

45 同上註，頁114。
46 參見李蕭錕撰《曉雲導師禪畫‧水月通禪意》，臺北‧華梵護持委員聯
　　誼會，2009年，頁154-157。
47 參見李蕭錕撰《曉雲導師禪畫‧一切應作如是觀》，頁118-121。
48 釋曉雲，《環宇周行前後‧從啟蒙時代到站上教壇》，頁565-566。
49 釋曉雲，《四時散記‧夏日散記》，頁109-110。
50 同註48，頁566。
51 參見法師撰《環宇周行前後‧戰火連天的西南行旅》，頁509；《東西南

日軍之掌握，有家歸不得，故轉往大後方四川。[52]惟從桂林
赴四川之前，因本身醉心於禪宗的話頭公案，便先到廣東韶
關南華寺，禮拜六祖（唐太宗貞觀十二年至唐玄宗先天二
年，638～713）及憨山大師（明世宗嘉靖二十五年至明熹宗
天啟三年，1546～1623）真身，並謁見虛雲老和尚（清宣宗
道光二十年至民國四十八年，1840～1959），跪請開示。[53]虛
雲老和尚應請為說《心經》旨要[54]，她曾追憶：「國難流離使
人神傷，而參拜虛雲老和尚的經歷卻給了我一份發自內心的
欣喜。……結識虛雲老和尚的因緣對我而言，真是所謂的
『認路還家』。」[55]

　　拜見虛雲老和尚及後續的改口茹素[56]，這些經歷帶引著
法師一步一步親近佛教。但因她「自小喜歡探究事理，不到
認識深入的地步，從不輕易盲從」[57]，直到赴四川成都開畫

行散記·後記》，頁227。法師在《東西南行散記·再序》所記，對於
離港至桂林的原因與時間，與前二文有出入，然因前二者係早期之作
（分別寫於1941年、1950年），其正確度當高於後者（寫於1996年），
故取前說。

52 釋曉雲，《環宇周行前後·戰火連天的西南行旅》，頁509。

53 參見法師撰《環宇周行前後》：〈南嶽雲海〉、〈瞻禮南華寺〉，頁
517-521。

54 釋曉雲，《佛學獻詞·慧淚祭虛老》，臺北：原泉出版社，1997年，頁97。

55 釋曉雲，《三山行跡·宿緣深厚的筆墨生涯》（a）本，頁111。

56 同上註。法師曾言自己從小即不吃有皮、骨的東西；民國三十年前後，
避難廣西鄉下時，有熱心農婦以肉羹相送，她嚐了一口便吐出；雖試著
再吃，但還未入口又是一陣反胃，因而意識到自己需要吃素；從此以
後，便斷絕葷食了。

57 同上註。

展，於當地接獲父亡妹喪[58]之噩耗，悲慟不已！始因此機緣，透過隆蓮法師[59]（1909～2006）引見四川佛教會主席昌圓老和尚（1879～1943），在老和尚道場為父親、妹妹誦經超度，進而皈依昌圓老和尚。皈依典禮在十方堂內舉行，有九位法師參與[60]，藝術家梁又銘先生（1905～1985）及其長子亦在場觀禮。法師有如下之回憶：

> 那時候我還帶著重孝，驟聞父親去世，十分悲慟，想在離開四川之前去大寺院拜佛，沒想到就在那兒皈依了。……當時大殿鐘鼓齊鳴，一時心中所有的哀傷頓消，情緒昇華至一個未曾有過的境界，而在此時，我更得到不少啟示（了悟到悲歡離合究竟成空[61]）。[62]

法師皈依後，隨昌圓老和尚小住成都靈巖山，並因讀到《憨山大師年譜》中的〈母子銘〉[63]：「母子之情，磁石引

58　父親和二妹、三妹先後去世。參見法師撰《東西南行散記・後記》，頁228。

59　俗名游永康，出生書香世家，曾任四川縣府一等秘書，任職五年後出家；與法師同姓，長相身高相似，又同好學佛、文學。參見法師撰《環宇周行前後・錦城——人文薈萃之地》，頁534-535。

60　釋曉雲，《三山行跡・宿緣深厚的筆墨生涯》（a）本，頁111-112。

61　同上註，頁112。

62　魏斯綺等，《慧像・創造人間淨土的宗教家》，頁5-6。

63　法師：「有一天，天未亮，我走出了一片竹林遮住的門前，……手提著一部憨山大師年譜，拾階而上，上到千佛塔旁坐下。……看到憨山年譜有母子頌的石碑，是憨山大師的母親在一條船上，與憨山大師相見時，一種讚誦他母親鼓勵兒子修行的讚歎字句。那時候我油然興起出家之心。」參見法師撰《環宇周行前後・峨眉天下秀》，頁546。

鍼。天然妙性，本自圓成。我見我母，如木出火。木已被
焚，火元無我。生而不戀，死若不知。始見我身，是石女
兒。」[64]與憨山大師的開悟詩句，而興發出世想，許願出家
依止佛陀座下。自云：

> 一天清晨，天未放曉，大殿響起晨鐘，我帶著一冊
> 《憨山大師年譜》，從大殿旁拾級而上，在那疏星曉風
> 的欲曙時分，我乘著山風，於高山千佛塔前趺坐，剎
> 那間，契入能所雙亡之化境。塔光中翻到憨山大師開
> 悟時的詩句：「瞥然一念狂心歇，內外根塵俱洞徹，翻
> 身觸破太虛空，萬象森羅從起滅。自此內外湛然，無
> 復音聲、色相、（為）障礙。」[65]又聞大殿早課之鐘
> 聲、磬聲、木魚、梵唄淨境，心身寂然，思憨師母親
> 對佛法之智慧，有助求道悲願，深受感動，便決心出
> 家。[66]

　　法師當下決定了將來要出家，但「內心感到不是消極的
出家，將來為佛教教育文化事業，不適合當住持。」[67]可見
法師出家之志確實是受到憨山大師道行的激勵，並因對一己
個性志趣的瞭解，萌生將來獻身佛教教育文化事業之願心。

---

64 釋福善記錄、釋福徵述疏，《憨山大師年譜疏註》卷上，臺北：老古文
　化事業公司，1984年，頁68。
65 同上註，頁34。
66 參見「佛教數位博物館──佛教人物《曉雲法師》壹、生平行誼三、隨
　順因緣依止佛陀座下」。
67 釋曉雲，《三山行跡‧宿緣深厚的筆墨生涯》（b）本，頁111。

　　抗戰期間，她帶著畫筆走遍大江南北，既畫遍了秀麗山川，也看盡了民生疾苦！值此國難當前之際，深受高劍父老師「作品反映時代」畫論影響的她，毅然以無畏的豪情壯志，登臨戰後的長沙絲苗山寫戰蹟圖[68]，並曾跡履湖南南嶽、四川峨眉山、青城等地，以畫筆代言其所見、所聞與所思，佳構頗多。[69]且每到一地，她總將畫作捐出義賣，所得款項除留下少數當作旅費外，其餘的悉數捐出作為救濟金（施放醫藥及救助孤兒）。[70]

　　而一向愛護年輕人的她，隨後方文化工作從四川避難到廣西時，沿途還興致勃勃地教牧牛的孩童們誦詩、唱歌。[71]民國三十四年（1945）受困於廣西玉林縣時，曾因有感於人類社會中許多不必要的糾紛與悲劇，部分與女子本身欠缺教養有關，遂動筆寫了一篇側重女子教育的培植，旁及山林鄉村教育環境的草稿，並興發辦學之心，「想教化世間，推行一種做人的道理」[72]，期望人與人能和諧共生。

---

68 釋曉雲，《環宇周行前後‧霧陪都》，頁532。

69 例如：〈獨上峨嵋寫冰雪〉、〈峨嵋山〉、〈青城洗心池〉、〈灘江月夜〉等畫作。參見法師撰作《曉雲山人五十九畫齡回顧展專輯》，臺北：原泉出版社，1988年，頁157-159。

70 每次捐出十張畫，交由主辦單位義賣。參見魏斯綺等，《慧像‧創造人間淨土的宗教家》，頁2。

71 釋曉雲，《開示錄‧生命與人生》，頁114。

72 釋曉雲，《語絲‧心影一瞥》，頁143。

第四節　東南行
──遊學聖域、寓教於畫

（三十五歲至四十歲，民國三十五年～四十年，1946 ～1951）

　　民國三十四年（1945）中日戰爭結束，年底回廣東穗縣省視祖母與母親，結束烽火連天之「西南行」。翌年（1946）秋，原擬先往印度四個月瞻禮佛蹟、研究佛教藝術，便束裝歐美[73]完成「東西并一」之旅的法師，接受同學孫德英女士的建議，應國立華僑三中之聘，任教廣西龍州[74]，遂展開前後六年之「東南行」。

　　民國三十六年（1947）秋，結束教職，出鎮南關，先後造訪過越南河內、西貢、寮國、高棉吳哥窟、新加坡、馬來西亞等地。在馬來西亞檳城時，喜得太虛大師（光緒十五年至民國三十六年，1889～1947）入室弟子，曾留學印度、錫蘭的法舫法師（清光緒三十年至民國四十年，1904～1951）[75]

---

73 釋曉雲，《東西南行散記・東西南行後續言二》，頁239。

74 孫女士的先生李育藩，當時任華僑三中的校長。該校原來在廣東，正準備遷校到廣西龍州。孫女士告訴她：「你要到整個東南亞、印度，不如先到廣西，從那兒出去不是很理想嗎？」參見法師撰《東西南行散記・再序》，頁6；《東西南行散記・從廣東到廣西》，頁31。

75 法舫法師曾在泰戈爾大學逗留兩年多，當時還為她寫名片引見該校中國學園園長譚雲山先生。參見法師撰《東西南行散記・檳城風物》，頁100-101，惟書中將法「舫」法師，誤植為法「航」法師。

的指點，決定先到泰戈爾大學[76]研究佛教藝術。

　　民國三十七年（1948）夏，法師由馬來西亞檳城輪渡經緬甸至印度，進入位於西孟加拉省加爾各答北邊先地尼克坦（Santiniketan）[77]的泰戈爾大學，在該校藝術學院研究。而有感於印度古國文化的深度淵源，若想一探佛教藝術之究竟，她認為非得花上一年半載，否則難以得到什麼結論，於是很自然地在印度一待便是四年多。[78]

　　在泰戈爾大學，她最初兩年忙著研究、參觀古蹟，也忙著思考；隨後一年，因為該校中國學院譚雲山（1898～1983）[79]院長的愛護，與藝術學院院長難陀婆藪的賞識，擔任客座教授，傳授中國繪畫理論與示範。[80]

　　旅印四年中，除教學研究外，每利用假期參禮佛教聖蹟、寫生作畫，曾至號稱「東方藝術之宮」的阿姜塔，臨摹佛像月餘[81]；還騎馬上大吉嶺，苦苦等候二十多日，才一睹

76　為印度詩聖泰戈爾（Rabindranath Tagore, 1861-1941）的家族於一九〇二年所創辦，實踐「生活即教育」、「教育與藝術結合」的信念，參見林益民撰〈泰戈爾的學校——立報教育專題深入報導〉，臺北：台灣立報，2003年8月11日。該校已在一九五〇年十二月十九日成為國際大學，參見法師撰《東西南行散記・東西南行後續言一》，頁232。

77　為泰戈爾所命名，意為和平之鄉、寂靜之鄉。

78　釋曉雲，《東西南行散記・東西南行後續言二》，頁239。

79　于凌波，《中國近代佛門人物誌第五集・致力中印文化交流的譚雲山》，臺北：慧炬出版公司，1999年，頁309-310。

80　參見法師撰《東西南行散記》：〈先地尼克坦的深心印象〉，頁193；〈在泰戈爾大學〉，頁201；〈佛國之旅〉，頁180。

81　釋曉雲，《東西南行散記・阿姜塔Ajanta藝術一則》，頁154。

喜馬拉雅山雪景全貌，從而有後續〈雪藏之家〉[82]之鉅作。[83]
曾自云：

> 置身於這所國際知名的大學，實在是無限的感受與增
> 益，無論佛學、藝術乃至人生的境界與內涵，都是一
> 生受惠無窮，對後來辦教育與思想內在涵養的深度增
> 多了力量；還有巡禮佛蹟的心情，對一生在佛法領域
> 增強了力量，藝術境界獲得了提昇，巡禮阿姜塔月
> 餘，描寫壁畫，奠定佛教藝術的更深嚮往！因此稍感
> 自慰的是一生為學與為人似不虛度。[84]

　　民國三十九年（1950）冬，法師至南印度阿羅頻多
（Aurobindo，1872～1950）[85]修道院潛修十一個月，接受院
母梅羅氏（Mirra Alfassa，1878～1973）的教導，傾心於聖

---

82 參見釋修慈等撰《雲山依舊映我心——曉雲導師圓寂紀念專集‧丹青墨
　　寶》，頁118-119。

83 釋曉雲，《東西南行散記‧東西南行後續言二》，頁240。

84 釋曉雲，《東西南行散記‧先地尼克坦的深心印象》，頁182。

85 阿羅頻多（Sri Aurobindo Ghose）被尊為印度哲聖，與政聖甘地、詩聖泰
　　戈爾合稱「三聖」。家世良好，七歲留學英國，學習拉丁文、法語、希臘
　　文及英國詩歌及歷史等；成績表現優異，曾獲劍橋大學獎國王學院學金。
　　一八九三年，返印擔任政府官員，後積極投入爭取印度脫離英國殖民的
　　獨立運動，不惜採取暴力手段，成為一極端民族主義集團的領袖，並因
　　此被捕下獄。在獄中，因體驗靈性開悟而幡然悔悟，轉而追求哲學與靈
　　性的成長。一九一○年，退出政壇後，定居於本地治理（Pondicherry）；
　　一九二六年，在靈性協作者梅羅氏的協助下，正式成立阿羅頻多修道院。
　　參見：https://zh.wikipedia.org/wiki/%E5%B8%AB%E5%88%A9%C2%B7%
　　E5%A5%A7%E7%BE%85%E8%B3%93%E5%A4%9A

哲阿羅頻多哲學思想。[86]旅印期間，益發感受到中印兩大古文明是人類精神文化的瑰寶，實為有心追求生命昇華者不可或缺的思想園地。[87]而充滿藝術氣氛的泰戈爾大學、藝術學院院長難陀婆藪有關藝術與人生智慧的指點，與阿羅頻多重視人類心靈與精神訓練的教育觀念，皆豐富了她日後教育思想與施作的內涵。六年的東南行，法師在南洋各國與印度，先後舉辦個人畫展十多次，她寓教於畫，隨緣介紹中國文化藝術，自認為在這方面是作了些貢獻。[88]

第五節　島嶼歲月并環宇周行
──回小向大、入如來家

（四十一歲至五十五歲，民國四十一年～五十五年，
　1952～1966）

　　民國四十年（1951）冬，自印度返抵僑居地香港，先任教於東蓮覺院（佛學院）[89]講授教育原理，並擔任該學院附設寶覺中學的國文與美術老師；隨後應學校同事老師之請，成立「雲門講座」傳授畫藝（後改為「雲門學園」）。[90]不

86　釋曉雲，《東西南行散記·從馬得拉斯博物館瞻禮佛像說起》，頁168。

87　釋曉雲，《東西南行散記·東西南行後續言二》，頁239。

88　釋曉雲，《東西南行散記·東西南行後續言一》，頁232。

89　為香港河東爵士夫人所創辦，設有佛學院、中學與道場，為當時香港佛教會的重鎮。參見法師撰《島嶼歲月·島嶼隨筆》，頁34。

90　參見上註，頁29、41-42，及法師撰《淨苑隨筆·自序》，臺北：原泉出版社，2003年，頁1。

久，親教天臺四十四代祖師倓虛老法師，結下深厚法緣。民
國四十二年（1953）冬，法師於東蓮覺院聽倓虛老法師宣講
《法華經‧安樂行品》[91]時，法喜充滿得未曾有，自認為是
她學佛十多年中，最不可思議的殊勝法筵，開啟了她學佛的
第二個里程碑。[92]法師回憶：

> 最初聽倓老講經，真正是得未曾有。……聆聽倓老講
> 法華經，真正是我人生學佛的一大事因緣，令我得開
> 佛知見、示佛知見[93]的境界。倓虛大師那時候才七十
> 出頭[94]，精神奕奕，聲如洪鐘，眼光灼灼、笑容滿
> 面。而為了能安心聽講，我隨時在佛前發願：希望晚
> 上聽經時不會有人打電話找我；或者是我的弟弟來探
> 望。[95]

　　而在聽《法華經》的同時，白天一有空閒，她便翻閱與

91　〔姚秦〕鳩摩羅什譯，《大正藏‧法華經》第九冊，頁1a-62b。計二十
　　八品，〈安樂行品〉為第十四品，頁37a-39c。

92　釋曉雲，《四時散記‧春日散記》，頁2-3。

93　《法華經‧方便品二》：「舍利弗！云何名諸佛世尊唯以一大事因緣故出
　　現於世？諸佛世尊，欲令眾生開佛知見，使得清淨故，出現於世；欲示
　　眾生佛之知見故，出現於世；欲令眾生悟佛知見故，出現於世；欲令眾
　　生入佛知見道故，出現於世。舍利弗！是為諸佛以一大事因緣故出現於
　　世。」諸佛出世之一大因緣，為化導眾生開、示、悟、入佛之知見，成
　　就一佛乘。典出〔姚秦〕鳩摩羅什譯，《大正藏‧法華經》第九冊，頁
　　7a。

94　實際上，倓虛法師時年七十九歲。

95　釋曉雲，《島嶼歲月‧島嶼隨筆》，頁35。

天臺相關的典籍，如《教觀綱宗》[96]、《摩訶止觀》[97]、《小止觀》[98]等，也從那時候起，便精心研究《小止觀》、《六妙門》[99]、《摩訶止觀》。[100]而在〈印度回港後〉一文中，對於當時興發她閉關與閱藏之心的原因，亦有詳細的陳述：

> 及返港後（1951），顯慈法師，海仁法師及定西法師，恩師倓虛老法師等大德講經，一時法樂充滿，尤以倓老《法華經・安樂行品》，以平等，獨立大無畏為發揮佛法之要義，并論近代之「唯心」、「唯物」發揮大義，一時深受法益，使心中思及能圓融宇宙人生之大詮，所論愈[101]為默契。自思對學養工夫必須潛心一個時期冀有所悟！遂離東苑（東蓮覺院）往沙田借居慈航淨苑[102]關房（全是女眾道場，此為以前虛雲老和尚曾住之處），環境幽靜，頗宜潛學用功。對「天臺止

96　〔明〕智旭述，《大正藏》第九冊，頁936c-942b。

97　〔隋〕智顗述，《大正藏》第四十六冊，頁1a-140c。

98　即《修習止觀止觀坐禪法要》，一名《童蒙止觀》亦名《小止觀》。〔隋〕智顗述，《大正藏》第四十六冊，頁462a-475a。

99　六種能通至涅槃之法：一數息門、二隨息門、三止門、四觀門、五還門、六淨門。參見〔隋〕智顗述《六妙門》，《大正藏》第四十六冊，頁549a。

100　釋曉雲，《島嶼歲月・島嶼隨筆》，頁35-36。

101　原文中「愈」字誤植為「玉」。

102　「苑」字為「院」字之誤植，參見釋修慈等撰《雲山依舊映我心——曉雲導師圓寂紀念專集・丹青墨寶》，該書〈曉雲導師年譜〉，頁294所附之照片。

觀」涉教觀之旨，深感往日祇知參話頭，而乏[103]究書籍之失當，恍然若失，於是閱藏之心嚮往不已。[104]

從印度返港到寰宇周行前後四年間，雖然她生活極度繁忙，但仍勤於至道場聽法師講經[105]。更由於倓虛老法師的接引，體認天臺教觀並重行法之殊勝處，從而閉方便關，參研大乘經典，並修習天臺止觀法門。故此時期，法師在學佛修行上有極大的提升[106]，並因此回小向大[107]，在修行法門及個性心境有關鍵性之改變：修行法門由原先參公案、話頭的祖師禪，改為教觀並重的經藏禪。個性心境由原先「喜獨行」[108]的自了漢，漸轉為「且向有人行處行」[109]的菩薩行

---

103 原文中「乏」字誤植為「多」。

104 釋曉雲，《島嶼歲月・印度回港後》，頁47。

105 法師參與之法筵，除上所引述外，另有定西法師之《六祖壇經》、寶靜法師之《心經》與某位法師之《圓覺經》等。參見法師撰《島嶼歲月・島嶼隨筆》，頁36。

106 同上註，頁41。

107 佛教術語，意指「回轉聲聞、緣覺之小乘根性而趣向大乘之佛道」，參閱丁福保等編，《實用佛學辭典》，臺北：新文豐出版公司，1989年，頁644下。

108 抗戰末期，法師避難廣西桂平時，曾口占〈獨行吟〉一首：「喜獨行，愛獨行，獨行獨賞心；可以忘言坐，可以任登臨。興來狂一笑，情默境不侵；有時林下坐，有時近水濱；涓涓如滴意，娓娓和行吟。造物本有情，觸處天機運；此理靜中得，故我喜獨行。獨行，獨行，獨賞心；謝絕塵寰不近人；不近人，世不許，萬物與我本來親，豈忍獨甘自了漢，焦芽敗種佛所嗔；群即獨，獨即群，獨群何曾住我心！」參見法師撰《四時散記・夏日散記》，頁111。

109 法師一九九六年畫作之題名。參見法師作《曉雲山人七十一畫齡回顧展專輯》，臺北：原泉出版社，2000年，頁50。

者。[110]而仰止倓虛老法師為佛教教育興學育才，續佛慧命之風範，更堅定其獻身佛教文教事業之心志。[111]

民國四十四年（1955）底，因唐君毅先生（1909～1978）之引介，得以香港新亞書院董事長趙冰律師（？～1964）與院長錢穆先生（1895～1990）為保證人[112]，創辦以「儒佛思想為淵源，以藝術文學為主」的《原泉》雜誌與原泉出版社[113]，並應慈航淨院住持智林老法師[114]之請，擔任該院主辦的幼校校長。[115]

民國四十五年（1956）[116]農曆四月初十[117]，為諮詢參考世界著名學府、文教機構，以為日後出家獻身佛教教育之參考，開始為期三十多個月，參方行旅二十多國的環宇周行。[118]所參訪的國家，計有：菲律賓、日本、美國、加拿

---

110 參見陳秀慧撰〈回小向大——倓虛法師對曉雲法師的影響〉，《華梵人文學報》，第三期，2004年，頁195-225。

111 釋曉雲，《佛學獻詞·敬跋影塵回憶錄之祖德垂光》，頁493。

112 釋曉雲，《佛學獻詞·悼念趙冰大律師》，頁110。

113 所印行的第一、二部書就是《印度藝術》與《泉聲》。參見法師撰《島嶼歲月·島嶼隨筆》，頁31。二書初版於今無存，原泉出版社於民國八十三年（1994）再版《印度藝術》；民國八十八年（1999）八版印刷《泉聲》第一輯。

114 釋曉雲，《四時散記·自序》，頁2。

115 釋曉雲，《島嶼歲月·島嶼隨筆》，頁36-38。

116 另一說為民國四十四年（1955），然根據法師撰《環宇周行散記·旅菲雜記》，臺北：原泉出版社，1998年，頁22、25、27、29、32、33、37、39、41、43、45等所註記之年份，首途菲律賓之旅應在民國四十五年（1956）。

117 釋曉雲，《環宇周行散記·環宇後隨筆》，頁459。

118 連同之前的「東西南行」所到過的越南、寮國、高棉、新加坡、馬來西亞、緬甸、印度，總計二十八國，參見法師撰《環宇周行散記·環宇周行前後——話始終》，頁435。

大[119]、法國、荷蘭、英國、比利時、德國（西德、東德）[120]、
瑞士、奧地利、西班牙、葡萄牙、義大利、希臘、土耳其、
伊朗、伊拉克、巴基斯坦、印度、緬甸、泰國。[121]旅途中，
法師除參觀各地著名大學，小住盤桓、觀摩記錄外，同時極
注意各國大學的宗教活動，及各地文化藝術機構的動向，並
藉畫展之方便，接觸各國人士。法師認為：

> 環宇周行，是此生之旅最刻苦，亦最豐饒的一段日
> 子，也是我一生中最富創作性的生活歷程。……雖然
> 行旅匆匆，但情緒安逸，且深尋的思索探取新的事
> 物，以容忍及耐性之心境，每在人頭湧動的旅客中，
> 自覺是不一樣的。因此時時寫隨感筆記和日記，無論
> 在深夜或宵分後二三點鐘，都必然寫好才讓自己休息，
> 可說收穫豐富的。[122]

　　民國四十七年（1958）初冬，法師結束環宇周行返港
前，按原訂計畫先在印度剃髮易服[123]；待回到香港後，再請

---

119 法師曾至美、加邊境的尼加拉瀑布寫畫。參見法師作《曉雲山人六十
　　四畫齡回顧展專輯》，臺北：原泉出版社，1994年，頁74。

120 參見法師撰《環宇周行前後·西柏林佛寺巡禮》，頁300-302。

121 最後六國，參見法師撰《環宇周行散記·途經米索布達至馬打拉
　　斯》，頁433。其他未特別註記的國家，參見該書及法師撰《環宇周行
　　前後》之目次。

122 釋曉雲，《環宇周行散記·自序》，頁3-4。

123 法師原擬在印度菩提伽耶世尊成等正覺之菩提樹下，斷除三千煩惱
　　絲，以償剃脫易服之願，故環宇周行出發時，即備妥一切僧裝隨行；
　　後以時局變化未果，改在旅次南印度馬打拉斯時，滿其所願。參見法

求依止倓虛法師座下，成為倓老唯一出家女弟子，並許願終身不建廟、不當住持，唯一心參究佛陀遺教覺性教育，獻身佛教文教工作。[124]

在〈宿緣深厚的筆墨生涯〉一文中，法師有言：「出家後，推動佛教教育即成為我畢生努力的目標。」[125]民國四十八年（1959），先是在香港創辦慧泉、慧仁等徙置區天臺貧民學校，收容大陸逃港難民之子弟就讀。[126]繼而成立佛教文化藝術協會，十三年間，舉辦四次佛教藝術之雲門師生合作畫展、八十餘次雲門佛教文藝講座、六十餘次電臺播講佛教文化講座，及六屆佛教青年雲門夏令園等活動。[127]其後，復於大嶼山東涌為女眾籌辦蓮華夜校，讓白天需作務的農村青年婦女亦有讀書識字的機會，以解除彼等文盲之苦。[128]

民國五十五年（1966），於沙田創辦慧海中學[129]，然因該年夏季香港暴亂頻仍，學校開辦兩學期後，即因時局與種種困難而結束。法師隨後來臺養病[130]，得金山北投分院住持太滄老和尚（1895～1968）等之慈悲關照，並應苗栗法雲寺住

師撰《環宇周行散記》：〈今後人生之態度〉、〈別了巴基斯坦〉、〈途經米索布達至馬打拉斯〉，頁107、431、433。
124 釋曉雲，《佛學獻詞・不熄滅的禪燈》，頁298。
125 釋曉雲，《三山行跡・宿緣深厚的筆墨生涯》（a）本，頁113。
126 同上註。原文「慧泉」誤植為「慧眾」。
127 釋曉雲，《島嶼歲月・香港佛教文藝協會十三年前後》，頁469-471。
128 釋曉雲，《島嶼歲月・大嶼山東涌婦女教育新聞一則》，頁497。
129 釋曉雲，《島嶼歲月・籌建佛教慧海中學緣起》，頁467-468。
130 法師之前曾訪臺兩次，分別在民國五十二年（1963）與民國五十三年（1964）。參見釋曉雲撰，《華岡緣影錄・重回祖國之因緣》，臺北：原泉出版社，1995年，頁15-16。

持妙然法師（1908～1996）之請，協助創辦法雲佛學院。是年冬，決定應文化大學（當時為文化學院）創辦人張其昀先生（1901～1985）之聘，回國服務，「藉以多嗅祖國文化氣息，以療潤靈思」。[131]

第六節　三山（陽明山、光明山、大崙山）行跡
──興學育才、貞定不渝

（五十六歲至九十三歲，民國五十六年～九十三年，1967～2004）

民國五十六年（1967）二月，法師開始在文化大學哲學與藝術兩研究所，講授「佛學研究」與「佛教藝術」兩門課，開比丘尼於臺灣社會高等學府授課之首例。[132]

民國五十七年（1968）農曆四月初八浴佛節，法師在張其昀創辦人的鼎力支持下，假華岡大成館慈孝堂創立「中華學術院佛教文化研究所」，擔任所長，積極推動佛教思想、文化、藝術的研究與國際交流活動。[133]該所後續因獲日本天臺宗孝道山岡野正道、岡野貴美子伉儷捐資百萬臺幣，得以於民國六十年（1971）十一月二日，遷址到大恩館八樓的固

---

131 釋曉雲，《島嶼歲月‧香港佛教文藝協會十三年前後》，頁472-473。

132 釋曉雲，《華岡緣影錄‧編輯例言》，頁例1。

133 該所從民國五十七年（1968）創所，到民國七十六年（1987）所舉辦的活動，參見法師撰《華岡緣影錄‧佛教文化研究所簡介》，頁35-38。該所在民國八十年（1991），因大恩館之拆邊重建工程而結束運作。參見法師撰《華岡緣影錄‧陽明山又大崙山》，頁26。

定所址，所內設有般若禪堂，中奉大佛一尊，開中國佛教史上「於大學學府中設立佛堂」之創舉。[134]

任教文化大學十多年中[135]，法師曾代表華岡佛教文化研究所應邀出席國際佛學會議十多次[136]，指導碩、博士論文十餘篇[137]，並榮任「華岡教授」之一（為文化大學永久教授）。[138]

民國五十九年（1970），因陽明山腰永明寺住持信定法師（1929～2000）提供場地之助緣，法師應請仿古叢林之制，假該寺創辦蓮華學佛園，培養佛教女眾僧材。民國六十九年（1980）創辦全國第一所由教育部核准立案之華梵佛學研究所，以培養學術與修行並重的佛教研究人才。該所曾一度設址於臺北縣石碇鄉[139]光明山。[140]民國七十九年（1990），以近八十歲之高齡，於臺北縣石碇鄉大崙山創辦華梵工學院，標舉「覺之教育」為辦學理念，以期為國家社會造就「人文與科技融匯，慈悲與智慧相生」的棟樑之材。

---

134 參見法師撰《華岡緣影錄》：〈佛教文化研究所話當年〉，頁9-10；〈佛教文化研究所發展經過〉，頁41。

135 民國七十年（1981）結束華岡之講學。參見法師撰《華岡緣影錄・關懷佛教的張其昀先生》，頁335。

136 參見法師撰《華岡緣影錄・佛教文化研究所話當年》，頁10。另見附錄（四）。

137 釋曉雲，《華岡緣影錄・曉雲導師歷年指導博碩士論文目錄提要》，頁163-170。參見附錄（三）

138 釋曉雲，《三山行跡・代序》，頁4。如未標示（a）本或（b）本，則表示兩個版本內容一致，下同。

139 民國九十九年十二月二十五日，臺北縣改制為直轄市新北市，石碇鄉改名為石碇區。

140 釋曉雲，《三山行跡・代序》，頁4-5。

　　綜觀法師與教育結緣的一生，有如下之特點：一、完整的教學與辦學經驗：受教對象涵蓋幼稚園、小學、中學、大學與研究所等各層級，且跨越宗教教育與社會教育兩大範疇。二、學養精湛、閱歷豐富：博古通今、學貫中西；文哲睿思、道藝並美。不止讀萬卷書，更行萬里路，出家前的「西南行」、「東南行」與「環宇周行」，開拓其人生視野、深化其生命內涵，為日後獻身教育厚植實力。

　　法師曾言：「生命存在不應該只是一張白紙。『父母生我體，大化育我靈』佛法慈悲甘露，讓我更懇切覺醒到，唯有貢獻，才有人生存在的意義。若於人於世毫無貢獻，覺得只是負債一生。」[141]也因此她懷抱報恩之心，選擇扮演「現代佛教教育耕牛」的角色，無論置身哪一個教育階層，總以「訓練後一代內明智慧，啟發悲情」為她不變的宗旨與志願。[142]

---

141 釋曉雲等，《花開蓮現・種蓮二十載話初衷》，臺北：原泉出版社，1990年，頁44。
142 同上註，頁44-45。

第三章
曉雲法師教育情懷的開展與映現

　　法師在〈教育的工作要即身即心〉一文中，鼓勵從事教育工作的同仁們，面對社會上種種怵目驚心的亂象，更要胸懷以教育救國的使命感；而要辦好教育，需從教育工作者本身即身即心的投入、負責，具備教育的熱忱，瞭解教育的真義並能身體力行，為必備的條件。教育是樹人的聖業，老師就像園丁，如果希望看到花開果滿的盛景，為人師者就要不辭辛勞！

　　法師承認，雖然教育工作並不輕鬆且是相當辛勞的重負，可是正因為知道「今日用手澆水在花地，明朝嗅到花的芬芳」[1]，所以她總懷著願望而全力以赴，雖勞而不苦、雖苦而樂。她說：

> 總之，教育工作必須是我們內心對教育有感情的傾向，覺得具有意義，本來就應該如此的用心，始能見其萌芽成長、含苞綻放。……內心要充滿奉獻的情操，知道自己該怎麼做。如果我們心中完全沒有這種情操，

1　釋曉雲，《泉聲》第一輯，臺北：原泉出版社，1999年，頁57。

認為教書只是傳授一種知識和獲得一份薪俸，這樣叫做販賣知識，說不上師道。其實老師所面對的是學生，老師是人，學生也是人，人總是有感情的，若以情感相聯繫，以心靈傳授心靈，知識也變得易於傳授，而成果可期。[2]

法師認為若沒有深厚的悲情、愛心和充分的心智潛能，是無法辦好教育的。[3]未出家前（1954），她就說過：「我對教育之感到興趣，原係出於一種愛青年的動機。」[4]晚年（1998）仍不改初衷，曾言：「我愛學生，學生喜歡與我談話，故我喜歡教育工作，發願終身為教育。」[5]

從二十二歲初為人師，便覺與年輕人有緣、樂於施教的法師，出家後更以「貧衲衣袍三尺闊，度生心量萬千長」[6]的無限大愛，堅定其獻身教育的願行，又從而激勵她勤學善教、學思並進地，建構「覺之教育」的理論，落實其「二部並進」的教育理想。是以法師的教育情懷是其教育志業的原動力，而教育志業則是她教育情懷的具體映現。

本章旨在根據法師相關論著所載之事例，還原其教育情懷興發、拓展與昇華之過程，以跡尋其「教育與生命結合」的因緣。復以其教育情懷之具體映現：一、尊師重道，二、

2 釋曉雲，《教育文化·教育的工作要即身即心》，臺北：原泉出版社，1998年，頁80。

3 參見法師撰《環宇周行散記·環宇周行前後——話始終》，頁435。

4 釋曉雲，《語絲·心影一瞥》，頁144。

5 釋曉雲，《教育文化·緒言》，頁10。

6 釋曉雲，《島嶼歲月·貧衲》，頁367。

勤學善教，三、踐行以教育救世之悲願，顯彰法師「學為人師、行為世範」的教育家風範，與宗教家「悲天憫人、無我利他」的精神，冀有助於當代師道之提振，兼激勵有心繼志者追隨其腳步，傳承其以教育救世之願行。

第一節　曉雲法師教育情懷的開展
── 興發、拓展到昇華

　　法師教育情懷的興發與她自幼好學、崇仰師道有關；而教育情懷的拓展，則緣起於中年聽聞大乘佛教教理，以至於悲情繁興、不克自已。晚年更向上一著，以般若智照昇華其教育情懷至一無所執的妙境，展現禪行者「既承擔又自在」[7]的風範！本節即按教育情懷之興發、拓展與昇華等三階段，分別論述之。

一　教育情懷的興發
── 自幼好學、崇仰師道

　　法師對教育的興趣緣自孩提時代：童蒙之年即在私塾接受嚴格傳統教育，自幼即喜歡讀書、尊敬老師，每天下課回家皆因「日知其所亡」[8]而滿心歡喜。民國七十九年（1990）

7　釋仁朗等，《曉覺禪心──曉雲山人藝文哲思研討會論文集・「今春好，去歲綿綿」一探曉雲法師「曉覺禪心」世界》，臺北：華梵大學美術系，2004年4月21日，頁182。

8　典出《論語・子張十九》第五章。參見何晏注、邢昺疏《十三經注疏・論語注疏》卷十九，頁171上。

九月，接受記者專訪時，曾有如下之回應：

> 關於我本人對於從事教育的興趣，可以說回到我做孩
> 子的時候，我常常都記得，小時我很喜歡讀書。由於
> 我很喜歡讀書，我很尊敬老師。我每一天從學校回
> 來，我覺得很快樂。以前不懂的，我今天回家知道了
> 很多東西，所以下課回來，我充滿歡喜。尤其是早
> 期，我們讀比較古老的學校，都是詩詞歌賦。八、九
> 歲就朗朗上口，回來要唸、要誦、要唱，故孩子時
> 代，好像沒有一般的童年生活。但是，有我自己童年
> 的世界。我會把唐詩唸得像唱歌一樣。四書五經，我
> 也把它背得非常流暢灌水般。從喜歡讀書、尊敬老
> 師，我就想到我將來要做老師。每每看到老師，我就
> 要望好久。一見面，當然先鞠躬，鞠躬後還要望。[9]

八、九歲受業期間，法師即因好學尊師，嚮往將來要當
老師。而從下列的引文中，也可以看出法師童幼時期即表現
出「好為人師」[10]的傾向：

> 幼年在私塾的時候，則已知讀詩的興趣（唐詩），在老
> 師所教的功課中，對於詩是最感高興的（《論語》也很
> 愛讀），所以時常也喜歡隨口哼幾句讀過的唐詩，有時

---

9 魏斯綺等，《慧像・曉雲導師的心靈堂奧》，頁38。
10 典出《孟子・離婁上》二十三章。參見趙歧注、孫奭疏《十三經注疏・
　孟子注疏》卷七下，頁136下。

還對家裏小傭人解幾句很幼稚的詩意，不管她們聽得懂不懂，但自己老是說得非常起勁，……。[11]

　　法師亦曾親口跟門生們提及，小時候若遇弟妹不守規矩時，身為長姊的她一定會善盡調教的責任，直到他們認錯改過才罷休，因此弟妹都很怕她。

　　而從童年時期到青年時代，法師「更加覺得做老師不是簡單（的事）。老師要學很多東西，老師講好多道理、事物、人物，是我們從來沒有聽過的，於是一直便感覺到需要認真充實自己，還有看到老師好莊嚴、很有禮貌、好高貴，所以那時候便生心要自律心身。」[12]由於受到賢良師範的影響與自我教育的體驗，法師在青少女階段即深深肯定：教育人才為人生最有意義之事。[13]

二　教育情懷的拓展
── 從人生哲理的探微到棲心於佛陀的聖教

　　法師教育情懷的拓展，則與她熱中人生哲理的探微以致棲心於佛陀的聖教有關。在〈與詩畫的一段因緣〉中，法師自認為由於宿世帶來的夙因，讓她從小對宇宙人生哲理之探尋充滿渴仰之情。當年在讀完卷頭上繪有插圖，令她童稚的心靈快樂無比，且因此對繪畫產生濃濃興趣的《唐詩》、《千

11　釋曉雲，《四時散記・夏日散記》，頁107。
12　魏斯綺等，《慧像・曉雲導師的心靈堂奧》，頁38-39。
13　釋曉雲，《東西南行散記・晨間靜思──記見虛雲老和尚》，頁3。

家詩》後，接著她最賞心的功課是《四書》、《明心寶鑑》與
《孝女經》等古書。日後，法師自揣當時對《四書》無師自
通、津津有味地誦讀欣賞，可能與《大學》、《中庸》所蘊含
深厚的人生哲理有關。[14]

　　及長，由於好學深思的習慣與人生閱歷的增長，念及：
「一室之內，一校之中，仍不過人數若干而已，若以世上之
人眾比之，則學校環境終究不廣，于是由敬慕教師之心轉而
思維世界之大，隨而聯想到宇宙人生問題，愈想愈覺渺茫，
愈思愈感困惑。」[15]也正因為對宇宙人生興起莫名的悵惘與
困惑，尋解心切，中日戰爭之前，法師在香港求學、教書期
間，接觸佛法。先是探索參研禪師之語錄境界[16]，接著聽經
聞法；初聽《金剛經》[17]，繼而《心經》、《六祖壇經》，聞法
的喜悅，讓她「中夜不思寢息，一若發現從所未得之至
寶。」[18]

　　惟當時法師對佛教之嚮往，全在於參禪，且醉心於話
頭、公案；孤高欣獨的個性，讓她預計後半生要做一名「深
山一個洞，足以安坐而有餘」[19]的出世自了漢。直到親炙倓
虛老法師，究明佛陀出世之一大事因緣：為化導眾生開、
示、悟、入佛之知見，成就一乘佛道──令法師得未曾有之
法喜，才從而回小向大，興發志求佛果之菩薩行願！

---

14 釋曉雲，《島嶼歲月・與詩畫的一段因緣》，頁97-98。

15 釋曉雲，《東西南行散記・晨間靜思──記見虛雲老和尚》，頁3。

16 釋曉雲，《環宇周行前後・從啟蒙時代到站上教壇》，頁564。

17 〔姚秦〕鳩摩羅什譯，《大正藏》第八冊，頁748c-752c。

18 同註15。

19 釋曉雲，《三山行跡・安慶輪中與法美園》，頁75。

在法師的日記中，處處可見她當時悲情洋溢的心語。民國四十三年（1954）六月十四日早（記十三晚的心境），寫道：「……每一次發大菩提心，則往後內中消息是那麼鮮明，而偉大的東西亦源然而至，這實是能使我自慰的徵信，若往後能多發大菩提心，則可得之消息當然亦是無限的；菩提心願之無限，則所得之慧悟亦無限」。[20]

翌年（1955）二月十八日的日記，則提到由於閱讀大乘菩薩經典[21]，已激起她入世精神之奮發矣![22]在〈佛陀引領著我終到寶所〉一文中，法師有如下的表白：

> 既然願作如來使的修學行者，那有自己的餘地可躲藏。……心底中有座大雄寶殿，心海裏也有水晶宮。……依佛、學佛，是菩薩學處；既學菩薩學處，就不許一向孤高自賞，也不得「遺世而獨立」，希望「羽化而登仙」。那人間的髒亂，那人間的迷途者，那人間心靈空虛寂寞的眾生，誰願與彼等為伍，為依、為救。那在岸邊待度而張目四望、茫然不知所歸的人們，等待著援助的揮手！「長江無際渺風波，一任輕帆帶雨過；到岸回頭看白浪，愁心轉比在船多。」[23]

---

20 釋曉雲，《四時散記・夏日散記》，頁98-99。

21 參見陳秀慧撰〈《華嚴經》對曉雲法師的影響〉，《華梵人文學報》，第十二期，2009年，頁1-24。本書【附錄五】收錄該論文本文。

22 釋曉雲，《四時散記・春日散記》，頁12。

23 此為憨山大師於睦州示眾：「大事未明，如喪考妣，大事已明，如喪考妣」之頌詞。參見釋福善筆錄《憨山老人夢遊集》卷三十六，臺北：新文豐出版公司，1992年，頁1924。

故願為佛陀座下學行者，學習那如來使，那時我們已
接近彼岸非遙，但仍然要回頭那人海此岸邊的待度人
群，應有惻然惆念，彼此同登彼岸之悲情。[24]

由於對啟發悲情和淨化心境之互為內外兼備雙輝之一佛
乘的領解，法師「不特不討厭這世界的醜怪多門，而且眷念
著這世界的人類……我覺得不忍捨棄他們，因此想幹些對他
們有增益的工作，助他們在生活上過得更有秩序，更有意
義。」[25]於是從一向愛好藝術、研究哲理與教育的人，轉變
為棲心於佛陀聖教之純宗教徒的法師，她認為：

往昔之一切工作，對人類之貢獻，尚屬淺。於是想努
力製造慈航：從人海浮沈中而渡眾生至「彼岸」——
從「人」的根本心靈的啟示，使人知道怎樣是一個
人，「人」就是「仁」。人就是要除開許多不真實的習
氣而回復到一個「全人」，去掉那零碎的不真實，不究
竟的外表生活，而全成為「不增不減」的整個的充實
人，這種充實的發展之主宰，不受外物的搖動，不受
環境之支配，心中有極光明、極開朗之覺悟。平穩而
堅固；而沖[26]和濟眾之德，亦由此心所發。若吾人有
半點狷介矯亢之情，我欲行仁，而仁將拒我！[27]

---

24 釋曉雲，《三山行跡·佛陀引領著我終到寶所》，頁63。
25 釋曉雲，《環宇周行散記·如何保存中國固有文化道德之感想》，頁6。
26 原文誤植為「充」。
27 釋曉雲，《環宇周行散記·環宇周行後感》，頁446。

　　悲心繁興的法師，於是選擇以佛陀的覺性教育為普渡眾生的慈航，一方面積極地自我教育，解行並進地上求佛道，一方面認真地透過佛化教育的研索、施設，不畏煩勞地下化眾生。

　　出家後，隨著法務的開展生活更加忙碌，惟一向以工作就是生活的她，只要能利益眾生的事，皆努力以赴、不怕麻煩；她曾說：「出家是為求菩提、是為成就眾生故，我的生活確實感到忙，但一面是辛勞；一面是受用。」[28]即使遇到秉性剛強、不服教的青年時，法師每能以「無緣大慈」[29]的聖情，轉化一己的心境，忍淚含悲，不放棄教導之責，直如諸佛菩薩不捨一眾生之大悲情懷的流露。[30]

三　教育情懷的昇華
── 從有所為到無所得

　　法師的教育情懷因著華梵工學院的開辦，得以從「有所為」昇華到「無所得」的心境。

　　民國七十九年（1990），法師以近八十歲之高齡創辦華梵工學院，是為華人佛教史與教育史上之大事，亦為其「覺

---

28 釋曉雲，《淨苑隨筆・我一向以工作就是生活》，頁115-116。

29 佛教三種慈悲：眾生緣慈悲、法緣慈悲、無緣慈悲。無緣慈悲即諸佛所證，以三輪體空（無施者、無受者、無所施之物），無條件平等普救一切眾生，為大乘佛教「空」思想的極致，是完全無自他之對立，乃絕對與最高的慈悲。參見藍吉富主編，《中華佛教百科全書》第七冊，臺南縣：中華佛教百科文獻基金會，1994年，頁4335。

30 釋曉雲，《語絲・哽咽》，頁103。

之教育」理念落實於「二部並進」制度之實現。該年十月二
十六日，她老人家接受警察廣播電臺高雄臺「當代高僧」製
作單位專訪，曾言：

> 沒有苦、困，藝術家是創作不出好的作品的。如果以
> 藝術家創作藝術品的過程來看，創辦「華梵工學院」
> 不只是藝術，還是非常艱辛的創作，所以「華梵」的
> 「創作」過程中，我也抱持著這種信念，不畏一切憂
> 悲困苦與艱難的工作。[31]

　　法師承認華梵工學院的創辦，是她這一生最大手筆，也
是最艱辛的創作！雖說她老人家平素善用佛法藝術養心，
但社會變本加厲的光怪陸離現象、部分學生不易接受善法薰
陶的事例，在在令她扼腕慨嘆不已，甚至逼問自己：「究竟為
教育做了些什麼？」[32]無言以對的她，內心唯有無限的茫
然、悽惶！晚年（1992），更曾在榮總病床自責打耳光，質問
自己：

> 「強言為教育，吃力不討好！」[33]如此，如何自處？
> 不得妥協，不得猶豫，必須有一答案了於自心：無智

---

31 釋曉雲，《拓土者的話‧一部眾人成就的艱鉅創作》，頁38。
32 釋曉雲，《環宇周行散記‧環宇周行前後──話始終》，頁436。
33 語出法師〈病中自責〉十首五絕詩之一：「昔年不知老，日夜好辛勞。
　　強言為教育，吃力不討好！」參見法師撰《清哦集‧病中自責》，臺北：
　　原泉出版社，1998年，頁136。

亦無得，以無所得故。[34]討什麼好？都是戲論，不容我多說，總是量力而為，到生命最後一口氣，有如蠟燭，燃燒至最後一點油。如是如是，還有可說嗎？有，在燭光未燃盡時，光的能見，一切環境之所見，便有可說，便有工作要做。……因還有點油，照見了怎可逃避偷安。而且道在人弘，信心具足，儒曰：「定可勝天，誠能感物。」以至誠之心，無怨無尤，如燭光；因仍有油，仍在照著，佛光也在照著，黑夜總會天明。[35]

　　是的，唯有依「眾因緣生法，我說即是無；亦名是假名，亦是中道義。」[36]的真空妙有理諦而行，才能無我無私地運大悲心，行所當行；一面不疲不厭地廣度有緣眾生，一面在無二慧的般若智照下，因徹證諸法實相，體悟「無所得」而身心自在無礙！

　　在〈不熄滅的禪燈〉中，法師讚頌廣欽老和尚（1892～1986）「悲心緣起，事事運行」，或建寺安僧、或開壇傳戒、護持戒子清淨就道，「在老和尚的心中是有事也無事；有事是道務、緣務的運作，無事是法身悟道之無作，有作無作，為

---

34 我、法二空，一切皆不執著。典出〔唐〕玄奘譯，《大正藏》第八冊，頁848c。

35 釋曉雲，《環宇周行散記‧環宇周行前後──話始終》，頁436-437。

36 天臺家所依之《中論‧三諦偈》。典出鳩摩羅什譯，《大正藏》第三十冊，頁33b。

見道者入乎堂奧。」[37]法師認為，出家為僧是為紹繼如來度
生的大家當、大事業，須是發大慈悲心、行大悲願的人始克
承擔，但更重要的是，若不能體證「空、無相、無願」[38]三
種三昧，會取「無智亦無得」的心法，便無法在趨向一佛乘
的菩薩道上任運無礙，遠離怖畏苦惱。而她本人也因此體
證，昇華其修行的證量！

第二節　曉雲法師教育情懷的具體映現

　　生命與教育緊密結合的法師，其教育情懷具體映現在她
自我教育與教化他人的行業上。本節從「尊師重道」、「勤學
善教」與「踐行以教育救世之悲願」等三方面，徵引相關事
例以顯彰法師高潔貞亮的教育情懷。

一　尊師重道

　　法師約五歲時入書館，開學之日，家中與學堂均舉行隆
重的入學儀式，讓她甫受教即有尊師重道的觀念。[39]教因學
而生，學因教而成；法師自幼因好學而敬師，因敬師而崇仰
師道，並立志日後為人師。爾後，不論是在世間知識學術文

---

37 釋曉雲，《佛學獻詞・不熄滅的禪燈》，頁297。
38 即「三三昧」：「空三昧」觀世間萬法皆是緣生不實；「無相三昧」觀世間
　一切形相皆虛妄假有：「無願三昧」又作「無作三昧」，即觀一切法幻有，
　而無所願求。參見藍吉富主編，《中華佛教百科全書》第二冊，頁425。
39 釋曉雲，《環宇周行前後・從啟蒙時代到站上教壇》，頁561-562。

化的學習，或出世間法身慧命的薰修，皆秉持「尊師重道」的態度，克盡學生修業之誼。

惟法師雖然經常懷抱「可以向他人學」的謙遜——她認為「謙遜」是學習者本身之重要條件[40]，卻也「不敢氾濫而師事於人」，而是以嚴謹的態度擇師，但「凡有學問、知識、年紀皆長於我者，我當敬之，即不能師事於他，亦當起恭敬之心；惟其見解與人生觀有出入，實不能共同進道者，我將敬而遠之，捨此又奈何！」[41]法師在民國四十三年（1954）六月十七日的日記中，寫道：

> 我的學問與見識，多從遊學得來，少在校內求學而來的，可以說少到幾乎不能說上數項；不特文字之學如此，就算繪畫之學，亦非靠從師入學而得來的；從師入學，好像給我一種證據，但最初入學的工夫也曾給我很大力量的開端啟發，亦功勞甚大矣！但後來的從師，是給我警惕與勉勵，何嘗不是很大的功績？故我當尊師而重道。[42]

法師感念師恩，在民國八十四年（1995）曾作〈憶感恩師〉七絕一首：「教我啟蒙梁少逸，詩書善導李礪明。繪事丹青高劍父，傳法脈湛山老人。」[43]真是一日為師，終身感

---

40 釋曉雲，《淨苑隨筆・從宗教學談到對佛學的發展》，頁79。

41 釋曉雲，《四時散記・夏日散記》，頁104。

42 同上註，頁114。

43 釋曉雲，《清哦集・憶感恩師》，頁120。

佩！底下以事例三則，陳述法師尊師重道的行誼。

（一）一面之緣　終身私淑

抗戰期中，法師曾由桂林至廣東曲江義展，籌款以助濟饑貧，並拜謁虛雲老和尚於曹溪南華寺。老和尚以「精進行持，人生難得」等法語誡訓之，並為說《心經》要義；隨後指示法師：如不往他處的話，可住寺內研究佛法。但因法師當時已計畫與友人前往黃山，故未依老人之言即折返桂林。這次的會面，讓法師對虛老特別崇仰的一事，就是：

> 他曾告訴我黃山之行不得實現（「路斷了！」）[44]，當時我仍不以為然的，原來返桂林後即接友人來示，謂路已為游擊隊所擾且行不通，於時當下驚奇老人之神測竟驗，且曾數次語此事於朋友，稍悔當時為何不留南華多聽老人的開示，但同行的幾位朋友皆不諳佛法，而且當我潛心靜聽虛公開示之時，她等數度在旁促我辭出，可歎機會之難言矣！[45]

雖然日後法師頗以無法再親近虛老為憾[46]，但此一面之緣，一次聆聽法音，卻讓她難忘老和尚之高風亮節。民國四十二年（1953）七月十九日的日記中，曾寫道：「今得《虛雲

---

44 參見法師撰《環宇周行前後》：〈南嶽雲海〉，頁521。

45 釋曉雲，《四時散記·夏日散記》，頁81。

46 法師曾言：「是我一生學佛過程的失機。」參見法師撰《環宇周行前後》：〈南嶽雲海〉，頁521。

老和尚法彙》及《年譜》三冊[47]，方開卷瞻仰慈容，即不禁
俯首於案而虔誠迴向……。」讀了《法彙》中的開示語，更
令她對虛老景仰不已，並推崇老和尚：

> 世法圓融無礙，而文字般若亦求之於當代佛教中鮮可
> 比者；禪味無窮的詩文，充滿了美而充實的藝術意
> 義；不止是藝術，簡直是已超過於藝術而溝通至另一
> 個清涼之原野……可以自愉亦愉人。[48]

　　當時，法師甚至曾動念想寫一封信給虛雲老和尚，代求
受戒於他座下，並揣想若此法行不通，「則我只好虔誠地向他
的法像求戒；從那時起我底心中當然就承認是他的戒子了，
這似亦未嘗不可。」[49]後續雖沒有如願，但並不影響她私淑
虛老之情。

　　民國四十四年（1955）二月十九日的日記中，記載她到
昂平寶蓮寺禪堂跑香，為此她在數月前即拜閱虛雲老和尚
《禪七法要》[50]，並祝私願「願閱時身如在禪堂」，故當天
雖初入禪堂，卻一切皆能如法而行，蓋得力於事先用心於虛
老之「法要」也！[51]

---

47 參見岑學呂撰，《虛雲老和尚年譜法彙》增訂本，臺北：大乘精舍出版，
　　1986年。
48 參見法師撰《四時散記・夏日散記》，頁82-83。
49 同上註，頁82。
50 參見唐一玄編，《虛雲來果禪師禪七開示錄》，臺北：一玄老人全集編輯
　　委員會，1993年。
51 參見法師撰《四時散記・春日散記》，頁14。

民國四十八年（1959）農曆九月十二日，虛雲老和尚以一百二十歲高齡示寂於江西雲居山，出家不到一年的法師，當時仍住慈航淨院的關房，早晚隨眾念佛追悼，「瞻仰虛老法相，不覺淚落不止。一夕念佛後回去休息，默坐至深夜，追念老人感慨萬端。」[52]法師多年來在她靜室中供奉佛像之側，恭奉老和尚法照，「晨夕禮敬諸佛，同時瞻仰德相，祈以精進不退。」[53]一面之緣，終身私淑禮敬！

（二）一朝之言　終身服膺

民國三十一年（1942），法師在四川成都皈依昌圓老和尚，並隨之登靈巖山老和尚主持之道場靈巖寺小住潛修，遂有如下因緣際會的棒喝之教：

> 一日清晨值昌老于山門前「遇仙巖」下，忽被呼前而斥曰：「隆寂！修行人須知，佛法為莊嚴正法，舉凡日常用具一切當齊整莊嚴，切勿隨便！」一時不知何指，以為是一種普通之開示而已，及歸住處，當揭簾入室，驟睹案上書紙、筆墨、茶杯、用具一一齊整，恍然而悟，原來老和尚有時晨間巡視各處，不齊整則指示收拾，是時不禁肅然而興敬畏之心！蓋余二十餘年視清晨散步為主要課程，初起即攜書出門，而房中零亂亦須稍待而理，非好習慣也。自是至今稍改常

---

52 釋曉雲，《佛學獻詞·慧淚祭虛老》，頁97。

53 同上註，頁98。

習，常以自惕，雖事隔十數年，思之感愧，于心尤歉也！[54]

在〈峨眉天下秀〉文末，法師亦提及當時她在山上住了四天，除了種下出家之念外，就是得到上述皈依師父的指導，她說：「我一生永遠記得他那『莊嚴齊整』的話，對我更加於生活中的嚴謹。」[55]當時，法師在內地算是小有名氣的「嶺南女畫傑」，如此突兀地被老和尚當頭棒喝，不但不以為忤，還恭謹地依教奉行，日後隨時注重內外世界的莊嚴齊整，並抱慚感念老和尚的指正！

法師出家前後，始終如此敬謹地依教奉行，若從師長處得一善言，則拳拳服膺，終身不敢或忘！

（三）敬師如在 死生如一

倓虛老法師是法師出家後的依止師，也是對她個人修行法門與教育弘化志業，發揮關鍵性影響的大善知識。在法師的心目中，倓虛法師是她恩重難酬的法身慈父、慧命導師，為此法師早晚追思禮拜倓虛恩師、每年倓虛法師冥誕（農曆六月一日）舉辦追思紀念活動、成立天臺學會[56]、發行《天臺學報》[57]、流通倓虛法師法寶（《心經講錄》[58]、《倓虛大師

---

54 釋曉雲，《東西南行散記・在成都的一段不尋常生活》，頁17-18。

55 釋曉雲，《環宇周行前後・峨眉天下秀》，頁546。

56 民國六十八年（1979）成立，參見法師撰《佛學獻辭・天臺學報序》，頁441。

57 民國六十九年（1980）創刊，同上註。

精華錄》[59]、《影塵回憶錄》[60]與《念佛伽陀弁言》[61]），籌建
倓虛大師紀念堂[62]，以緬懷師恩、繼志其道。[63]

在〈永懷樂果老人〉一文中，法師慟「東北三老」[64]先
後辭世，寫到「因定老圓寂最早，之後倓老圓寂，我便感到
好像貧苦孤陋的孤兒，無師無母」時，不禁「淚盈眶，不敢
續談」，以致筆錄的侍者只好罷筆；隔了五天後，才又繼續完
稿。[65]法師對倓虛法師的孺慕之情，在下列引文中躍然紙
上：

> 我的工作室「妙行堂」，後面近窗處，安奉一向十餘年
> 在港供奉之玉佛、恩師倓公、我母遺照，每趨內禮拜
> 上香時，皆必三份供奉。曾自語道，雖無師無母，我
> 佛慈父敬如在，我師我母亦當敬如在者，何必落淚
> 耶？不過孩提易哭（在長老身旁，當然孺子自分）！

---

58 參見法師撰《佛學獻詞・敬跋心經講錄》，頁413-414。

59 參見法師撰《佛學獻詞・敬輯倓虛大師精華錄緣起》，頁443-446。

60 釋曉雲，《佛學獻詞・敬跋影塵回憶錄之祖德垂光》，頁489-493。

61 參見法師撰《佛學獻詞・讀倓公恩師〈念佛伽陀弁言〉敬序》，頁513-515。

62 設於華梵大學校園內，民國九十一年（2002）十月二十九日舉行開光典禮。參見雲門學園編印《倓虛大師紀念堂成立》特刊，臺北：原泉出版社，2002年。

63 參見陳秀慧撰〈回小向大——倓虛法師對曉雲法師的影響〉，《華梵人文學報》，第三期，頁220-222。

64 民國三十八年（1949）後，倓虛、定西（1895-1962）與樂果（1884-1979）三位長老，陸續避難香港，當地佛教人士尊稱為「東北三老」，參見法師撰《佛學獻辭・永懷樂果老人》，頁231。

65 同上註，頁230。

古人云：「大孝終身慕父母。」雖然不敢言大孝，但即使有存歲壽，我亦必然憶師憶母。孺念殷切，有時悲不可抑，忽然悲從中來，頓感人世間至悲至慟之悽楚。[66]

「祭如在」[67]，法師敬師之情無一日或歇。此外，若有機緣返回香港倓虛老法師當年住錫處，法師必事死如生，恭敬頂禮老法師生前坐過的法座。

法師她以身示教的風範，感召了不少從學的門生、信眾，彼等率皆能見賢思齊地傳承了法師尊師重道之德風！以法師創辦的蓮華學佛園為例：園內師生定期舉辦禮拜祖師、追思本師釋迦牟尼佛等的法事；平日上下課，師生行禮如儀，且學生會事先為教師備妥茶水、手巾及教具等用物。民國七十六年（1987）十月，蓮華學佛園歷屆畢業學生懷著報師恩之情，同心協力為籌募華梵工學院建校經費而啟建梁皇寶懺法會（為辦學首度公開向社會善信募款），及後續種種的護持建校活動，便是一個很好的證明。[68]

二　勤學善教

在遊學印度泰戈爾大學期間所寫的《泉聲》詩集中，法

---

66 同上註。

67 典出《論語・八佾三》第十二章：「祭如在，祭神如神在。」參見何晏注、邢昺疏《十三經注疏・論語注疏》卷十九，頁28上。

68 釋曉雲，《開示錄・梁皇法會開示》（一），頁167。

師有言：「努力進修，不是想學得什麼，而是想發現自己。」
[69]法師早年即熱中於文學與人生哲理的探求，自認為這是她
「三世前的夙志」使然，並因此驅使她以無比的勇氣撲向人
生無涯的深淵去搜索，又衝上浩茫的宇宙去探望，更展開了
大無畏的雄心——無厭、貪婪、渴慕熱切的求知慾，以窮究
宇宙人生之真諦。[70]

　　中年時，法師以她自身的體驗，「覺得唯有好學不倦之
人，必然獲得真理的歸宿，亦即獲得人生意義與幸福的無限
量。」[71]晚年時，仍不忘諄諄鼓勵有緣人勤學，她說：「人類
最快樂的事，就是有好的要學，有好事要做。有修有學是條
龍，無修無學是條蟲。」[72]

　　法師雖好學，但不泥於學，且深諳活學、活用之理[73]；
自幼即對學習滿懷熱情的法師，垂老仍不改其強烈的求知
慾。民國八十三年（1994）十二月二十八日，法師以創辦人
的身份與華梵大學年輕學子餐敘時，謙稱自己是一名「永遠
的學生」，勉勵大家勤學慎思，並指著自己說：

　　　　我有三個年齡：第一個是父母生養我的色身，今年已
　　　　八十三齡。第二個是辦事的年齡，則維持五十多歲的
　　　　體力。惟熱中學習的興致，似仍保有三十多歲年輕時

69 釋曉雲，《泉聲》第一輯，頁55。
70 釋曉雲，《島嶼歲月‧與詩畫的一段因緣》，頁97-98。
71 釋曉雲，《淨苑隨筆‧與雲門青年談學佛的方法》，頁2-3。
72 釋曉雲，《開示錄‧安樂自在佛緣人》，頁65。
73 釋曉雲，《淨苑隨筆‧心影》，頁62。

的傻勁！[74]

　　法師不止勤學不厭，更深諳教學相長之樂趣！底下謹依
「勤學不厭」與「誨人不倦」兩項，列舉事例印證之，藉此
體現法師無論自學或教人，那股凝神專注、認真投入至奮不
顧身的精神與傻勁。

（一）勤學不厭

　　法師就學於香港麗精美術學院時，自覺無法滿足於書本
的課程，與只是色彩、畫筆的努力，因此，她「一面學畫研
究畫理，一面要追尋中國詩詞、古學、古文等學問，極之繁
忙，而至累到身體羸弱，幾乎身染重病；每於深夜提筆或讀
書、寫文，直至雞鳴天曉，才知東方既白。經過體弱到幾乎
胃穿的危險，療治數月、半年，漸漸恢復，也不改舊習。」[75]
　　當時正值國學大師俞叔文主持香港中環學海書樓，詩書
畫、古文俱佳的李礪明老師亦參與其事，於是法師聯同幾位
有興趣的同學，利用晚間同遊於李老師門下，學習書法、聽
講古文及詞章之學，法師曾自述當年：

　　　星期日及晚間不怕舟車轉接多次，也樂於前往參聽，
　　　祇要是古學的課題，乃至專題講座，都不放過；亦由
　　　於在美術學院授課、講學時間不很多，對參聽、研

---

74 拾慧，《清涼法語——上曉下雲導師開示錄》（一），臺北：華梵月刊，
　　1997年，頁37。
75 釋曉雲，《三山行跡・從美術的學習而至清涼藝展之開拓》，頁370。

　　讀、思索，以求補充學問，以對中國文化思想之淵
源，對本修美術詩書畫三絕之含義，豁然瞭解，而且
著迷似的耽思尋研；同時接觸佛法，尤以禪師之語錄
境界，更感內向地探索參研；……而時時在忙，日夜
苦學，以致影響健康，瘦弱的體質，都連累母親時時
為我而流淚，不過心力的堅強，頗覺驚人。[76]

　　美術學院畢業後（1933），她進入藝術園（畫園）研究
班，一面任教於聖保祿女子中學，一面仍在畫園研究，同時
拜嶺南畫祖高劍父為師，從而「於基本畫學之中，感謝學到
了許多基本畫法、用筆、用色、以及紙張、筆墨的名稱與應
用。更從高師門下啟發了創作心靈的浩瀚，以及藝術家精神
的梗概與哲理。」[77]抗戰勝利後，法師回廣州，曾就讀於廣
東文理學院。[78]

　　為了探研佛教藝術，法師在民國三十七年（1948）夏抵
達印度；遊學印度四年中，除了第一年仍固執地迷戀那神秘
的生活外，後三年對於求學，「無論在藝術、哲理、宗教方
面，皆不畏辛勞更努力以求深造、養仁慈，似乎沒有怎樣失
望。」[79]民國四十三年（1954）六月十五日的日記中，法師
寫道：

---

76 釋曉雲，《環宇周行前後‧從啟蒙時代到站上教壇》，頁564-565。

77 釋曉雲，《東西南行散記‧東西南行後續言二》，頁237-238。

78 釋曉雲，《東西南行散記‧灌縣之行》，頁28。

79 參見法師撰《東西南行散記‧東西南行後續言一》，頁231。

希我將年老之時，猶不異於今日之虛懷向學；向人學、向書中學、向事物學、乃至向一切凡是動作於我目前者學，即便不好的東西當其動作於我目前，我若能分辨其為不宜蹈於覆轍者，此亦即學也。當教學生時，亦很有可學之機會，不特可學，且可藉此為修行之助也，如「十目所視、十指所指」[80]之下，我將何可放逸於平居？平居不能放逸，慎獨由此而修進工夫。[81]

　　法師誠善學之人也！而對人生哲學的探求，常抱熱烈追求的她，受制於有限的時間，所採取的對策是：「只得在現代有見地的專門學問著述中，尋得某種理論為最中心、最精要的道理之後，再冷靜深思後，作一番融匯於己心中原本的理念，看看發生若何的感想？這是極艱苦的求學過程，然也是得力於禪法靜定之工夫；而對於西方的哲學家甚少可能做到分門別類的工夫，則找專書來細細的閱讀。」[82]雖然法師自認為不是個有興趣於精研西方思想的哲學頭腦，但從下列引文中可以看出她的慧悟與博學：

　　我是個極愛護中國哲思的中國人，更是個東方人。不過我也尊崇西方某些能融匯東方思想哲人的哲理：如

---

80 典出《大學・釋誠意章六》。參見〔漢〕鄭元注、〔唐〕孔穎達疏《十三經注疏・禮記注疏》，卷六十，頁983下。

81 參見法師撰《四時散記・夏日散記》，頁104-105。

82 釋曉雲，《淨苑隨筆・心影》，頁59。

蘇格拉底在生活的考驗和他臨終時之鎮定的定力，大
有曾子的那種不忙不亂，更有與佛教謂「生死大事未
了」相似的態度。叔本華之宗教情操，愛因斯坦那種
明確見解於宗教等的問題，還有對人生的肯定態度
（不過他認為宇宙的一切都可以知識來研究，筆者則
不大同意）；又如較近代的哲學兼教育家杜威，以及洛
克、笛卡兒等都讓人深感其鳴；文學家中則以泰戈爾
最為人愜意。[83]

後續，為了深耕教育，奉獻如來之家，於民國四十五年
（1956）至四十七年（1958），完成環宇周行之壯舉。法師對
這趟學習之旅，有如下之追憶：

教育工作，百年樹人，若學不豐，談何容易？是以放
洋渡海，飛越關山，前後三十餘國土，諮詢訪問，考
察民情，地理天時，人情百態，乍寒乍熱，冷暖無
常。唯一稱心，廣我見聞，拓開閱歷，增強知識，擴
展思忱；交遊既廣，資訊靈通，對日後興學之文教事
業，及國際學術之交流，大有資益與增長信心，有如
駕輕就熟，非偶然事也。[84]

為了日後佛教教育志業的推展，法師除了以「行萬里
路」的方式增廣見聞、開闊眼界之外，還孜孜於佛教教理的

---

83 釋曉雲，《淨苑隨筆・心影》，頁59-60。
84 釋曉雲，《環宇周行散記・自序》，頁3。

參究、禪行攝養的行持與中外教育理論之研索。而為了佛教教育能適應時代人群之需，她又自動旁涉心理學、社會學與人類學等學門之知識。[85]

華梵工學院籌備期間，為了與建築師會商時能有較深度的共識，法師還主動研習與建築相關的書籍。[86]一生勤學不厭的法師，晚年看到報載「幽浮」（U.F.O.）[87]的消息時，還很認真地說：「如果有機緣，希望下一生能研究天文學！」[88]因為遠在四十多年前，她就留意並搜集有關「外星人」的資料。

（二）誨人不倦

民國二十二年（1933）秋，法師初為人師，任教於香港天主教聖保祿中學，每週六小時講授高一美術課與高二國文課。第二年，又接任九龍麗澤女子中學，教美術課（每週二小時）。為了教學，逼著她找許多資料，也因此得嚐教學相長之樂趣與「助人即助己」的喜悅！[89]

民國三十五年（1946）法師應聘在國立華僑第三中學教書，不久隨校遷赴廣西龍州。曾有如下之自述：

> 教務雖忙卻也覺得勝任愉快。尤其多年不講中國文

---

85 魏斯綺等，《慧像‧曉雲導師的心靈堂奧》，頁39。

86 釋曉雲，《開示錄‧願有多深路有多長》，頁236。

87 「U.F.O.」為「Unidentified Flying Object」之縮寫。

88 拾慧，《清涼法語──上曉下雲導師開示錄》（一），頁23。

89 釋曉雲，《環宇周行前後‧從啟蒙時代到站上教壇》，頁565。

學，當時擔任高二國文課，後來也任高三國文，皆能
勝任如法，過得教學自在的生活，在課堂上吟詩，暢
懷地吟給學生聽，以及教導學生欣賞中國詩文的種種
優美。由於過著教學相長的生活，所以常常利用課餘
研讀許多書籍，往往深夜才睡，導致睡眠不足，記得
有一次講〈岳陽樓記〉時就昏倒在課室，學校把我送
至醫務室。幸好學校一位英文老師羅漢三老先生。替
我把脈調養，經過一個月，才漸漸康復。不過不論身
體如何，我對學生的課程還算認真，同時覺得對學校
也應多做點事情，盡心盡力，可是學校一切的聚會及
種種利益的分配，我卻是從不參與，因此當時學校許
多老師說：「工作見到游老師，吃東西不會見到游老
師。」[90]

為了備課犧牲睡眠，加上營養不良，導致法師上課時因
體力不支昏倒在教室，其「為教忘身」的態度，誠令人感
佩！惟當時一心準備去佛國印度，自揣將來會依止佛門的
她，隨時都是沈默寡言，「但是為了學生，我常常還是有求必
應的！」[91]當時，雖然環境極為困苦，加上任事用心的習慣
致疲勞過度，但法師因有來自同事與學生的支持和彼此相互
尊重，內心頗感安穩，尤其是學生對她課程與感情方面的信
賴，更成為她補充精神的最佳來源。[92]在民國四十二年

---

90 釋曉雲，《東西南行散記‧廣西龍州》，頁33。

91 同上註，頁34。

92 同上註。

（1953）七月二十二日的日記中，她追憶這段期間的教育工作，讓她警疑著某種問題的開始：

> 同學們的感服與來求教，尤其是改造學生的不良心理所收獲的特效，簡直連我自己也不知道這力量竟是從何而來的！往往在發言的力量中，也使我更加懂得如何使他（她）們欣欣向榮的生機活躍；有善良的傾向、有清心靈敏的神情，這簡單的說，這就是身心施教，是離乎書本與教導工具的；這就是愛護人群的行為品德與理性所發展的動機吧！[93]

民國四十一年（1952），甫自印度返港的法師，任教於佛教東蓮覺院，講授教育原理，並兼任其附屬中學國文與美術老師，十分忙碌。期間，她對教學有如下之見解：

> 我不會討厭於教學，但我早期似不願作為校器，而我所樂為者，是能發展自己心中所計畫之教學方式。每個青年都要令他（她）們發動自己內心中的思想，未懂得如何發現的要協助他們發現出來；已發現的令其增長與不散失；若發現他們錯了，當代為小心地糾正之，使其不再錯，其他知能的常識還在其次。我自己經過了幾許艱難，才找到了辦法，於是不斷地研討下去，使那一點點的所得再續為發展——可以自教，

---

93 釋曉雲，《四時散記・夏日散記》，頁84-85。

亦可以教他，我自己的治學工夫，就是可以給學生作
參考的，為此我也忙；但是，因為要將心中已發現的
問題都組織起來，使它系統化，使明顯地寫述清楚；
因為她們要抄錄我還未出版的文稿，這麼一來，我被
她們逼迫著而更努力了。當一個消息突發於胸中，
如果是對於學習有助長的，我亦不能自祕（因我已研
究彼等的心理，很渴望這些的），但要將一個初萌芽的
理念，化為文字的組織，當然是要經過自己的審查、
交諸筆墨的寫述，才能希望它被讀得懂。[94]

為了能克盡師道、善導群倫，法師勤於自教自學，且深
諳「長善而救其失」[95]的個別啟發式教學法，重視心法的調
教，以導思想於純正，且不吝將個人苦心參研的治學工夫和
盤托出，讓學生有直接的受用。法師自許當時她無論是在宗
教的行持、教育的擔當或藝術研究時，「似乎沒有脫離博愛
和敦厚的作風」。[96]

而在當年的日記中，處處可見她為學生所投注的心力與
苦心。例如：在民國四十二年（1953）六月三十日的日記
中，可以看到她不厭其煩地從心理、生理與精神修養等不同
角度，為一個小學生解析如何擺脫做功課時昏沈欲睡的困

---

94 同上註，頁52-53。
95 典出《禮記‧學記》。參見〔漢〕鄭元注、〔唐〕孔穎達疏《十三經注
   疏‧禮記注疏》，卷三十六，頁653下。
96 釋曉雲，《四時散記‧夏日散記》，頁64。

擾。[97]而在隔天的日記中，更進一步為學生闡述內外生活調
和的重要，強調一個人的成就，無論在人格或學問、事業方
面，皆由於能以賢明的態度調節生活而獲得優勝的結果，
所以若想前途遠大，必奠基於當前對一己日常生活的注意。
該日記中還言及，若有身體多病或是心理多抑鬱（或好追
憶、妄想等）的學生就學於她門下時：

> 我會要求徹底地查究其病源，若須以藥物治理的病
> 症，我當請醫生替他治理，而我則充當看護的調理；
> 若是須施救於精神方面的心理治療，我則採用心理調
> 劑的精神補助，以安定其浮亂不靜之心魂；雖然這是
> 比較困難的，但如果這是屬於我範圍內之責任，那我
> 將不辭困難盡力而為；除非她們已不就教於我底門

---

97 節錄當天日記內容如下：「昨晚為著一個小學生討厭地說出自己在做功
　課時的昏沈欲睡的騷擾，很苦惱地求教於我（真是自不能抗拒之麻
　煩）。我及時為她解答三項粗淺的問題，……（一）是由於對當前所作
　的工作已不大覺得興趣（因為有興趣是不會昏倦的），或因功課作了太
　久而未更換他種工作，又或者所作的工作太難或太易，皆可能引起漸漸
　形成沈悶而昏倦的狀態。（二）是平常心裏多煩惱，或雜念妄想縈繞胸
　次，雖在做功課當中或能制止妄想及雜念（何況不一定容易制止的），
　但仍不免當在作有意義的正當事情中，它卻不時暗暗地偷湧上心
　頭；……（三）就可能是生活上某種不健全的方式，如營養不良、先
　天不健全、或後天失調，或少時多疾病、或食物過多而不良於消化、或
　平時好動用浮氣，而不知攝斂全神，致使神不守舍、心神散亂，形成疲
　乏的樣子；……要治理此種毛病，若是身體的病則由醫生發藥治療；若
　不是屬於身體上的毛病，則各自有其說法了；……但我不想在這裏說得
　太深奧，故姑且談些淺進的方法使你們可以實習。」參見法師撰《四時
　散記‧夏日散記》，頁60-62。

下。[98]

　　法師以愛心與智慧善導群生，為協助學生身心的健全發展，不辭辛勞！尤其擅長利用日常生活之境緣，啟發學生美善的性情與敦厚的品德。從底下節錄的這則日記（民國四十三年，1954，六月十五日），可以看到法師於日用云為間，用心關照學生的微細行，誠生命教育之親切示範！

> 今早似尚在夢中，但聞大殿鐘鳴即起，參加上殿後到花階前，告知千月（學生）摘花不宜摘含苞未放者，蓋此為不仁慈也；她瞪大了圓圓的眼睛好像表示從未得聞此法，噫！今之時世，所謂教育實皮毛之事矣，未有以體察人性之真而啟導青年者！[99]

　　民國四十四年（1955）二月二十日的日記中則提及，為了調教犯過的孔姓學生，原本在昂平寶蓮寺打禪七的她，毅然捨禪堂安養的受用，冒寒風匍匐下山轉搭渡輪，直驅學校；當晚，訓導孔生等至一時許。[100]同年三月十六日的日記載道：「下午為憂心慈航義校學生不守規則，故集合全班來門前訓話，望發生效力也。」[101]雖說為訓勉小學生講一頓話，她是苦的，但「如果他們有改善之處，我雖苦而亦樂為

98　釋曉雲，《四時散記・夏日散記》，頁64。
99　同上註，頁104。
100　釋曉雲，《四時散記・春日散記》，頁14-15。
101　同上註，頁30。

之。」[102]

　　而在擔任慈航淨院主辦的幼校校長時，法師每週週會固定與學生講話，還親自上佛學課，常費心思考要如何上課，才能令小孩子歡喜接受，為此寫了些佛法淺顯的歌詞讓學生唱，例如：「月亮圓圓，月亮光光，佛光如月滿，照遍大光明。」[103]

　　法師不只善盡人師之職，更不敢怠慢身為長姊的責任；事親至孝的她，在民國四十四年（1955）五月九日的日記中，寫道：「午後抵家中，見三弟有對母親不孝之處；悶悶不樂，我教弟之責不盡焉。」隔天，馬上寫就長文一封寄給她三弟，教導他要孝順母親。[104]

　　最後，以法師來臺後講經弘法為例：自民國六十六年（1977）起，法師在蓮華學佛園先後宣講《法華經》、《教觀綱宗》、《摩訶般若經》[105]、《心經》、《無量義經》[106]、《普賢菩薩行法經》[107]、《金光明經》[108]、《大乘止觀》[109]及《小止觀》等。平日隨機對學生及信眾開示、演講，華梵工學院創校前後，曾為華梵護持委員主持「般若講座」四十餘次。[110]

---

102 同上註，頁31。

103 釋曉雲，《島嶼歲月・島嶼隨筆》，頁37。

104 釋曉雲，《四時散記・夏日散記》，頁118-119。

105 〔姚秦〕鳩摩羅什譯，《大正藏》第八冊，頁217a-424a。

106 〔蕭齊〕曇摩伽陀耶舍譯，《大正藏》第八冊，頁383b-389b。

107 〔劉宋〕曇無密多譯，《大正藏》第八冊，頁389b-394b。

108 〔北涼〕曇無讖譯，《大正藏》第十六冊，頁335a-352b。

109 即《摩訶止觀》，〔隋〕智顗述，《大正藏》第四十六冊，頁1a-140c。

110 參見陳娟珠撰〈天臺宗的傳承──以曉雲法師的教學為中心〉，華梵佛

民國八十二年（1993）華梵大學東方人文思想研究所成立後，曾在該所講授「覺之教育」課程。此外，法師每週日上午，固定在蓮華學佛園宣講經論，數十年如一日，從不輕易缺課。

而無論受教對象是僧是俗，法師一律平等慈悲攝受，不只以言教、身教（每引述印度哲人：「你莫說什麼，就讓你的行為來說明一切！」勉勵從學的學子），更擅長用境教[111]、默教[112]來循循善誘莘莘學子。

三　踐行以教育救世之悲願

法師自言辦教育的心願，可能與她從小好學、慕道受教，且內心始終有一股悲涼悱惻的情感縈繞其中有關——她感到人生是渺茫難測的，儘管如何的喜好藝術與醉心於文字藝術的天地中，但面對人世間許多令人忡惻的事態，總抹不掉她心底的悱惻與悲涼！她說：

學研究所編印，《天臺學會第五屆研討會專輯》，臺北：原泉出版社，2005年，頁132-135。

111 即藉助具教育意義的環境施設，來潛移默化學生的心性。大至校園景觀、建築物之設計，小至教室內之擺設，皆屬境教之作用；例如：華梵大學有五區十景之校園景觀境教，蓮華學佛園教室、禪堂等公共區域，皆有法師手書法語，以提攜、惕勵園內師生。

112 即「默擯」，源自世尊時代對於不如法的比丘，大眾皆不與之往來談話，冀其反省改進。法師對於犯過的學生，先是苦口婆心地勸導；若講過三次後，對方仍依然故我、不知悔改，則以默擯待之，以維護師道之尊嚴兼警惕對方自省。

大概由於對人生悠長歲月的感懷，面對社會的混淆是
非和冷酷的人面，對天真幼稚童年時代的青少年的念
護與關懷，自然想及現今一般教育之得失，知識的灌
輸，科技的高壓與誘惑，幾乎忘掉人生還深藏肉體中
的心靈覺知，於是驅之不散的感念；青年人的疏於家
教，及社會教育不太健全的時代中，飄風驟雨，和物
質的誘惑經驗不得力時，於是人海中沒頂沈溺的迷途，
教育能無分擔缺職！[113]

由於體認到教育的培養，對一個人的生長過程以及社會
組織發展的深遠影響[114]，懷抱為眾生效命、為佛菩薩捨命的
情懷，出家後的法師有感於傳統宣講佛經、傳道等等的弘法
任務，固然是出家僧眾義不容辭的法務，但值此社會人心失
調如陷水深火熱之際，深信因果的她直想到「救世必先救
心」與「欲正其心，必先正其所學」的道理。[115]她認為：

今天的佛教不祇講經說法，還有更多的活動與深度的
研究；如何令人心端正，思想淨化的接受薰陶，挽扶
「正命」的人群，則佛教社會教育的施設和推廣，是
該積極的效勞。致力於佛法教化的研究，希望虛心積
慮的投向這一方面的工作，一面對現世教育學的研究，
一面深入淺出傳播佛陀的遺教；使佛心佛語活用於教

---

113 釋曉雲，《環宇周行前後‧我的教育情懷》，頁83。
114 釋曉雲，《佛教教育散論‧社會之安危關乎教育之如何培養》，頁138。
115 釋曉雲，《覺之教育‧佛教社會高等教育之意義與目標》，頁251。

育應用學的實踐中；把佛陀的人格化，佛法的應用
化，佛學義理學術化，佛心靈氣的心理淨化，思想明
淨的解惑化，精神活用的慈悲感，情緒安逸的閒適
感，自然陶養的浩氣感。還有「境教」施設，假藝術
而美化莊嚴之環境教育，大自然之接近，藝術氣氛之
增益，音樂欣賞之和諧等藉以配合佛教教育之環境設
施。盡量設法轉換人們追求物質的無厭，善導轉依精
神領域之嚮往，……。[116]

　　為了讓佛法可以在現實世間更貼近人心，發揮解惑開
慧、離苦得樂的度化宗旨，法師傾全力於佛教社會教育的研
究與推廣。雖然她也明知，這理想佛化教育的實現，不是一
朝一夕之事，不過卻也堅信只要假以時日，便非全然白費工
夫的！

　　在《華梵工學院創校史》中，她說：「教育是一條漫長
又不易看見成果的路子，但是，唯有教育才能令我們的生命
時時提昇，更見希望與好光景。」[117]因著這份悲情與願景，
法師不畏艱辛困難，創辦華梵工學院。而從法師於創校之
初，接受來訪者諮問有關教育問題時的回應，可以看出她老
人家獻身佛教教育的堅毅心志：

　　〔我〕從小便喜歡讀書受教，帶病也要上學，被親友

---

116 同上註，頁251-252。
117 釋曉雲等，《華梵工學院創校史‧創辦人的話》，頁7。

稱為「好學」，這二個字，實在受之無愧。然而知識教育不能滿足心智的要求，感恩佛緣接引，從一般學術文化之教育，進而接受悲智雙運之佛化教育，深深感激佛陀乃人類之大導師、大教育家，何幸之緣，願以佛陀「覺之教育」推廣社會教育，希望人文思想道德倫理，佛教淨化人心，影響社會，此心此志，鍥而不舍，……。[118]

　　而為了踐行以佛化教育救世救心的悲願，她一方面沈潛於古今中外教育理論之鑽研，一方面從自學與化他的教學實務中印證其所思所學，經過將近四十多年解行不懈的努力，不僅建構了以佛教淨心安身、悲智教化為主的「覺之教育」理念，更於民國七十九（1990）年，因華梵工學院的創辦而初步實現其「二部並進」的教育理想。

　　法師常對身邊的年青人說：「沒有一個真正懂得樂趣的人而不喜歡工作的。尤其是以從事教育工作的人，更是身心并用而無時或息的負荷著。」[119]華梵工學院籌備期間與創校初期，法師因肩頭多了一項教化社會科技青年的重任，而更加忙碌不堪：在那幾年間，自願為「佛教教育拓荒之耕牛」的她，飲食無定時、睡眠也無定時[120]，經常為了法務、教務、校務，而披星戴月往返於不同的路途中，雖辛勞卻不以為

---

118 釋曉雲，《佛教教育講話・卷頭語》，臺北：原泉出版社，1998年，頁1。

119 釋曉雲等，《風送蓮香・論現代佛教教育之趣向》，頁12。

120 釋曉雲，《開示錄・元旦開示》（三），頁204。

苦，並以「工作即修行」[121]來印證天臺宗「非行非坐三昧」[122]的禪趣！[123]

民國七十六年（1987）農曆四月初八佛誕日，法師在為信眾舉行皈依典禮的開示中提到：

> 有人問我：「做一整天的工作，不會疲倦嗎？」我說：
> 「我也會有些疲倦，但是我能夠時時把佛法回味一下，
> 靜中攝養一下，就能得到無限的保養和安頓，增加心
> 力，可以貢獻。」[124]

事實上，法師一向不只以佛法養心，也以佛法來支持色身的運作。從民國七十二年（1983）元月九日，她在病中的開示中，可以看到她為道、為法忘軀的精神：

> 我多年來都是帶病工作，多吃一口飯就會覺得不舒
> 服；吃或不吃，有時沒有人知。這次開刀，把這個老

---

121 創辦華梵工學院初期，曾有記者問法師：「您這麼忙，怎麼有時間修
　　行？」法師答說：「我工作即修行！」

122 天臺宗所立四種三昧之一，又名「隨自意三昧」：「隨之起，即修三
　　昧，不關於行坐也。」參見丁福保等編，《實用佛學辭典》，頁1760
　　下。又法師曾撰〈非行非坐三昧之教育論〉，收錄於其《覺之教育》，
　　頁223-240。

123 法師於民國七十七年（1987）曾以「非行非坐三昧」為畫題，創作禪畫
　　一幅。參見釋修慈等撰《雲山依舊映我心──曉雲導師圓寂紀念專集‧
　　丹青墨寶》，頁138。

124 釋曉雲，《開示錄‧皈依開示（二）》，頁145。

毛病[125]徹底剷除，希望今後能做更多佛教教育的工作。修慈說，跟我十幾年，從沒看過我病成這樣！那天我還忍痛講了一品經，信定榮譽園長忙走上來勸說：「不要講了，看你的氣好像要斷了！」記得在新加坡、馬來西亞古晉時，有幾次因心臟病不能起身，但是念及外頭有一百多人等著聽經，便勉力而起！[126]

　　法師是一位極度負責任的人，曾不止一次對信眾們表白：「這一生作不完，下一生再來！」民國七十六年（1987）六月，法師在嘉義紫雲寺（女眾道場）為住眾開示時，亦提及若她修行得力不墮落，能轉生再來，那她還是要做女眾，因為以女眾身教導女眾比較方便（現今臺灣比丘尼較多），而且女眾有母性較柔和，易發慈悲心，有慈悲心便能增長福報。她堅信：「祇要有真修行的人，佛教就不亡。」[127] 證諸中國佛教歷史，法師之言確然也！

---

125 據蓮華學佛園園長釋修慈說：法師曾為「腸沾黏」一病所苦多年，該次開刀原以為是盲腸炎；開刀後，始知真正病因是腸沾黏。

126 釋曉雲，《開示錄・病中開示》，頁76。

127 釋曉雲，《開示錄・紫雲寺開示》，頁147。

第四章
曉雲法師的教育志業（上）
—— 理論篇

第一節　抉擇獻身佛教教育以為弘道淑世、淨化社會人心之因

　　法師開始對佛教有信仰，是在二十多歲時，因讀到佛陀開悟時所講的：「一切眾生皆有佛性」這句話——佛（覺）性是人性中普遍皆有的質子（唯識學稱「種子」），只要合理如法地培養，都能成為「人中之華」（華香莊嚴來自菩薩悲願的踐行）[1]，終於以具足四無量心（慈、悲、喜、捨）而圓滿佛果，正如由花開蓮現至花落蓮成。[2]

　　佛法無限昇華人生終極目標的思想，讓學藝術、喜歡創造的她感到既驚訝又開心！[3]雖然也曾為學佛耽禪與畫藝創作二者之間是否有衝突，而苦悶過一段時間，許多參不透的問題橫在其心頭，例如：「藝術家是否可以不需宗教而能建立健全的生活？」、「信佛並研究佛理是否會影響了或減少了藝術

1　典出〔姚秦〕鳩摩羅什譯《法華經・藥草喻品》：「譬如大雲，以一味雨，潤於人華，各得成實。」，《大正藏》第九冊，頁20b。
2　釋曉雲，《開示錄・生命福田當下種》，頁187-188。
3　釋曉雲，《開示錄・菩薩學處》，頁28。

的創作情緒？」與「一個藝術家信佛後，就意味著披染上枯寂的氛圍嗎？」[4]等。

而凡事皆好窮究其理的她，抗戰勝利前，還為此「在擺著用布覆蓋著畫冊與佛經的讀經桌前，作了七日的思維，深深覺得兩者應是並行不悖的」[5]；直到印度任客座教授時，因涉獵中外哲學、文學以豐富撰述與畫藝創作之思源，而堅定其「藝通乎道，藝與道合」道藝相通的理念[6]——法師認為藝術必須以人（仁）道為背景、為皈依、為極則，才能發揮得人心之所同然（對美與善的真切嚮往）的感格化育之效力！[7]自此法師以佛教教理與禪行參修為務道之本，而以藝事創作為輔助教化之方便權宜。

歸納法師之所以抉擇以佛教教育為畢生志業的原因，有如下四點：

一 佛教教育為人類之所需

法師基於「佛陀出世的本懷在於為人解惑開慧，解決人的問題，進而參究宇宙人生的真理，藉以發揮人之所以為人的大義」的認識，肯定「佛教一切經論皆為教人自覺覺他」[8]、

---

4 釋曉雲，《淨苑隨筆・心影》，頁58。
5 釋曉雲，《東西南行散記・東西南行後續言二》，頁238。
6 同註4，頁57。
7 釋曉雲，《中國畫話・藝術人道觀》，臺北：原泉出版社，1994年，頁9。
8 釋曉雲，《覺之教育・佛陀教化的基本原理以人為出發點》，頁142。

「佛教教育為覺人之道」[9]，故佛教教義絕非迷信的產物，而是堂堂正正針對「人」的問題，為「人」心底解剖與治療之良藥。法師曾有如下之開示：

> 眾生雜念紛擾，稱之為塵勞網，一切佛法即為掙脫這個「網」，三藏十二部皆為去執之良藥。禪堂、念佛堂、戒壇，猶如醫療所、化驗室，皆為對治塵妄，解惑開慧，調病而下藥，所有的法門皆是在教導我們如何應病施藥。法身之病須施以法藥，所以佛陀是無上大醫王。[10]

因此「不管是原子時代，太空時代，未來時代，佛教仍是佛教，而不是一般之宗教，因為佛教把一切問題都還歸到本位，祇要人類存在，佛教亦必存在。」[11]在〈覺之教育慧命開拓論〉[12]中，法師更明確指陳：

> 佛教教育本身，當然從根（本）的教育涉及到發展，不外生活教育與慧命開拓。三藏十二部經典，經、律、論盈盈七千餘卷，無非解惑開慧，發揮淨化思想，悲智精神，此「覺之教育」簡而言之，可分二

---

9 釋曉雲，《開示錄・佛教是覺人之道》，頁52。
10 釋曉雲，《開示錄・學佛與人生》，頁70。
11 釋曉雲，《覺之教育・佛教文化發展基本要素》，頁20。
12 發表於第三屆國際佛教教育研討會（1983年7月），收錄於法師撰《覺之教育》，頁129-139。

途：一、妙慧覺性底施教，二、覺明悲情底發揮。以
此二途統攝法界（十法界盡一切有情眾生的世界），不
分中外古今，人同此心，心同此理。智慧與悲情之培
養與善導，乃人類教化自我教育之主旨，質諸古今中外
何莫不言，悲智與化導。[13]

　　正由於切身感受到佛化教育能指導人們「從心起修」，從
而趨吉避凶，自創人生幸福前途，有助對治時下偏重知識、
忽略善行德育培養的教育，發揮善導人群社會安頓和諧的義
務，法師不只將推廣佛教教育視為她身為比丘尼承繼如來家
務的本職、志職，更大聲疾呼關懷世道人心與下一代前途發
展的佛教同仁及熱心教育者，共同發心致力於佛教教育的研
究與實踐。[14]

二　繼志倓虛老法師為佛教培養人材

　　法師未出家前即關心佛教教育人才培養此議題，係緣於
旅印期間，客居先地尼克坦的泰戈爾大學，在那充滿藝術氣
氛的文化園地中，不禁反思：「為什麼中國沒有像這樣的一所
大學？」而為了尋解，除了個人深思熟慮外，並與前來參訪
的中國學者商討，最後得到的結論是：由於五四運動提倡打
倒孔家店，主張全盤西化，讓中國固有的優秀文化受到嚴重
的衝擊！因此她認為：「如果將來要想我國的教育文化更開

---

13 釋曉雲，《覺之教育・覺之教育慧命開拓論》，頁137-138。
14 同上註，頁137-139。

展，尤其是與佛教文化有關的，便需要更加努力地培養佛教教育人才。」[15]此為法師關心佛教人才培養之始。

　　而後續因仰止倓虛法師為佛教教育興學育才、續佛慧命的風範[16]，出家後便矢志獻身佛教文教事業，並發願「終身不建寺、不當住持，專心探尋佛陀覺性施教之主旨，期將佛法淨化人心之終身教育、行為教育，願對時下浮囂躁動之社會下妙藥靈丹。」[17]日後在培養僧材的施教方針與實際施設上，法師亦受到倓虛法師極大的影響。

　　觀察中國佛教歷史發展，影響佛教興衰的因素大致有五：（一）在上位者（帝王、政府）護持否？（二）佛門本身人才輩出否？（三）知識份子熱中參研佛理否？（四）外教勢力抵制否？（五）社會信眾擁護否？而其中又以「佛門本身人才輩出否？」最為關鍵！因為任何一種思想的振作與發展，繫乎人為的努力，而皆有賴教育培養始克竟其功。[18]

　　環宇周行後，法師有感於西方宗教教育之完備──他們知道怎樣培養弘法人才，除了經典的研習外還要具備對世界各民族之哲學、宗教、文化社會，乃至宇宙人生的廣泛學識，分才培育，以儲備該宗教團體所需的各種人材。由於教會提供了學術性的研究環境，培訓人員也因此養成了心理的寬度與好學的人生態度；加上時代進步交通便利，世界各民

---

15 參見法師撰《東西南行散記・先地尼克坦的深心印象》，頁187。
16 關於倓虛法師興學育才的事功，可參考釋倓虛口述，釋大光筆錄之《影塵回憶錄》，臺北：原泉出版社，1990年，頁222-225。
17 釋曉雲，《佛學獻詞．敬跋影塵回憶錄之祖德垂光》，頁493。
18 釋曉雲，《讀晚明諸師遺集・序》，臺北：原泉出版社，1998年，頁15。

族便易於接受其信仰 —— 誠可作為中國佛教發展之借鏡[19]，
並懇切呼籲：

> 在二十世紀末之時代，如果仍然不知道佛教中，須培
> 植有真正佛學見識之人才，這是中國佛教目前與將來
> 的霾雲陰影。[20]

　　法師心目中理想的佛教人才，除了要精通佛教悲智雙運的
內明之學外，還要旁通化度人群所需的種種學識，為此要老
實學、老實修，以德服人、以學教人；她認為唯有努力向學
的宗教徒，才能善盡度己度人、成己成人的教化責任。[21]民
國四十八年（1959）法師於香港發表〈重光佛教先要辦好佛
教教育〉，鼓勵中國的佛教徒豎脊挺胸，興辦佛教各級學校與
教育，因為人類極需要佛教的善導，以邁向光明磊落的人
生。[22]

　　民國五十四年（1965），法師為「第一屆世界華僧代表
大會」獻議，提出〈佛教教育芻議〉一文，呼籲佛教當前亟
須注意兩件大事：（一）提倡與重整佛教教誡律儀，培養僧尼
人才，提高僧尼的素質，以重光僧伽之地位。（二）佛教教育
有系統之發展（採佛學院與佛教人士所辦之社會教育之「二
部並進」方式進行），尤需興建專科以上之學府，以培養佛教

---

19 釋曉雲，《淨苑隨筆・從宗教學談到對佛學的發展》，頁73。
20 同上註，頁72。
21 同上註，頁73-76。
22 釋曉雲，《佛教教育講話・重光佛教先要辦好佛教教育》，頁138。

四眾弟子之基本學識。她認為佛教界果能循此兩種途徑發展，則整個佛教之活動必收到良好的效果，因為「佛教人才是決定佛教前途之先決條件，不論何種弘法工作都取決於人的努力。」[23]可見，當時法師已思及如何為佛教開展社會學校。

民國七十三年（1984）雙十節，法師對蓮華學佛園師生及信眾的開示中，亦再度強調，禪定攝養與戒律的弘傳是佛教發展學術文化與昌榮法運的基石，對社會及僧格的培養有特殊的效果；在這多事的時代，佛教教育尤顯重要。惟法師也感慨：

> 今天佛教不能好好發揮佛陀及諸大菩薩的慈悲，是由於我們每個出家人乃至於帶髮修行的在家居士護法的精神不夠。因此，我認為一切要上軌道，一定要辦好教育。[24]

三　佛教應世弘道、淨化社會人心之根本下手處

法師認為「宗教，是以導人於善良為起碼之條件。佛教『諸惡莫作，眾善奉行。』也是宗教教人的起碼條件。教化與救助他人，便是宗教精神價值之所在。」[25]教化與救助他

23　釋曉雲，《佛學獻詞・敬獻於華僧大會》，頁43-44。

24　釋曉雲，《開示錄・雙十節》，頁97。

25　釋曉雲，《佛學散論・宗教之精神價值》，臺北：原泉出版社，1990年，頁40。

人的方式很多，惟法師認定處此道德不振，人心陷落之今日社會，若思報佛恩、行佛事，無過於發展佛化教育，而最能普及佛化教育的管道，即是興學育才，善用傳統佛教叢林教化之施教方針，順應時代社會之演變，展開推廣社會教育，務使感格人心，培養淨化思想與悲智精神，以作為安定社會人心，減少貪慾、殘殺暴戾等惡行之清淨助緣。法師曾說過：

> 關於推廣佛教教育，不祇限於興學育才（舉凡宣講佛法，及佛教文化活動等），不過若不從推廣社會教育、興辦教育機構（學校）作育人材，不是基層工作的理想計畫，又如何談到普及推廣的事實。……為中華文化復興，佛教思想重振，若思[26]從推廣佛教真理對社會人生福祉，則必須培養人才，提高佛教社會地位，所謂德學兼修，自我調攝，不只為佛教復興，而且對社會人心善良和慈悲智慧的影響，是今日對佛教教育重視培養覺性教育，才是貢獻佛教於社會人群的根本計畫。否則若不從推廣佛化社會教育打好基礎，不是根本的計畫。[27]

她認為從教育下手，推廣佛教教化是最理想的基礎工作。因為，從表面上看來社會暴亂乃至其他不幸事件，似乎不是直接歸咎於教育的環境，但若是從根本上研究，便很容

---

26 原文「不」字疑為「思」字之誤植。

27 釋曉雲，《覺之教育・覺之教育慧命開拓論》，頁129-131。

易找出癥結之所在：「例如人群心理之醞釀，矛盾與苦悶，主觀力太強，加以缺乏同情心之培植，這些情緒充滿於社會，並非偶然的，可說是多方面的因素所使然。如家庭、教育、社會法律、經濟等之影響，尤以教育之灌輸，是對於一個人生長之過程及社會之組織發生影響，這是必然的事實。」[28] 而補救之道，便是從主要的關鍵——教育下功夫。

法師深信佛法的薰陶有助眾生明因果、悟緣生，斷惡修善、增長善根，減少人為的災難和痛苦，人類社會得享平安。[29]

四 對治時代「心物相離」之弊病

早在民國四十二年（1953），法師就大聲疾呼重視心靈教育的重要：

> 「心」的教育是普遍性的，凡是一個人，一個正常之人，應不只有身體而且還要有「心」；有「心」而不知養育之，則心將瀕於枯萎，己身亦變為一個軀殼，這是極可憐貧困之人，故若能多方面的提起注意，今日是須積極注意「心」的教育之時代——因為這是人們失卻「本心」之二十世紀末葉之時代！[30]

---

28 釋曉雲，《佛教教育散論・社會之安危關乎教育之如何培養》，頁138。
29 釋曉雲，《開示錄・佛教緣起與人生緣聚》，頁39。
30 釋曉雲，《淨苑隨筆・自牧論——心的訓導》，頁29。

　　民國六十年（1971）法師於澳洲坎培拉大學舉辦之「第
二十八屆國際東方學者會議」發表〈佛教文化發展基本要
素〉論文時，即剴切指陳，雖然現世物質繁榮，生活享受奢
侈，然而另一方面，卻是精神空虛、心靈饑渴，究其緣由，
在於缺乏自覺，以致心物發展失調。文中強調：

> 沒有自覺，簡直是人生之一大悲劇。唯有不斷自覺之
> 人，便如贏弱之人獲得治療而致康復，現世需要這些
> 治療與啟示。人能充實自己才能充實他人，故這時代
> 極需要促醒自覺之治療，以康復人性中之般若心，則
> 可由自覺而獲得充實，進而發揮般若思想——菩薩精
> 神，是現代之救治妙藥。[31]

　　民國六十七年（1978）九月，法師代表文化大學出席假
美東哥倫比亞大學舉辦的「國際佛學研究會議」，發表論文
〈般若思想與中國禪〉。[32]返校後，應邀於校內十一月份之宗
教講論會講話，席間法師以〈今日佛教〉為題，講述當代佛
教對時代之適應及其重視人間佛教之弘法主旨，與現前國
際佛教發展概況。法師於演講中指出，二十世紀為「離心教
育」之時代，人心泯於物而為物役，以致世人失卻「心境」
之自由，身心不得自在。[33]是以：

---

31 釋曉雲，《覺之教育・佛教文化發展基本要素》，頁18。
32 釋曉雲，《佛語垂光》上冊，臺北：原泉出版社，1988年，頁133-147。
33 釋曉雲，《佛學演講集・今日佛教》，臺北：原泉出版社，1997年，頁95-
　　97。

「今日佛教」是提醒人們尋求解脫自在，反觀內在，亦即人所應反省之事。故「今日佛教」在世界已為有識者之參求研究者，日益增加。科學萬能之時代、無視人之尊嚴的世界，有心人便關懷人類毀滅之危機。真正懂得人性尊嚴者，必自尊貴而為人所尊貴，則「人」必須回到「心」的安頓。佛法稱為治心之學，人心安頓，才能發揮人的才能慧解。而不衹是現代操縱之知識之強權、不顧正義之喪心病狂，而製作人間痛苦之罪藪。[34]

　　法師慨嘆現世教育為欠缺心靈善導的「離心教育」，而「從心起教」的佛教教育，透過「心」的訓練成就戒定慧的殊勝心境，是現前對治時弊的應時良藥。[35]

　　上述觀點，賦予佛教教育的現代意義與治療意義，證諸高柏園先生在〈覺之教育的理論根據及治療意義〉文中所指陳，佛教對吾人心理狀態有十分深刻而精到的分析，而其較一般心理學殊勝處，即在於能深入窮究此種種心理現象發生的根源，及相應的對治之道。此治療意義若能參酌西方心理學的客觀知識，建構佛教式的治療理論體系，從而運用於今日社會中，將是極具價值的發展。[36]

---

34 同上註，頁97。

35 釋曉雲，《佛學演講集‧人文薈萃一席話》，頁132-133。

36 高柏園，《華梵大學覺之教育學術研討會論文集‧覺之教育的理論根據及治療意義》，臺北：華梵大學人文教育研究中心，2000年，頁203-204。

第二節　曉雲法師教育思想結晶「覺之教育」

　　法師傳承中國學術傳統「尊德行而道問學」[37]與佛教「解行並進」的實證進路，為行道而問學，為濟世而論著，她是為實踐而研究理論，而不是為理論而理論。

　　在華梵佛學研究所授課時，法師曾指導研究生選擇研究題目的原則：首先是研究的主題必需切合研究者本身的興趣；其次是，關於這個主題的現存參考資料要儘量豐富；最後也是最重要的，所研究的題目對當前的社會、時代有何關連與影響。她本人即掌握這樣的原則從事佛教教育思想的研究，特別重視佛教教育與時俱進的時代適應性；在〈論現代佛教教育之趣向〉一文中，她說：

> 論現代佛教教育，首先要瞭解佛教教育之基本原則及其制度。在基本原有的思想及其軌範，抽繹其可行於現代的，更且能有助於現代佛教教育的，因[38]依研究，配合時代之所需，貫以新方法，使固有之佛教文化思想及其悲智精神，重振於現代，為國為教乃至為世界人類也有資益處，則決而行之。不宜祇作試嘗式（甚或濫竽充數）而辦學，否則學生先入為主，以後

---

37 典出《中庸》第二十七章。參見〔漢〕鄭元注、〔唐〕孔穎達疏《十三經注疏・禮記注疏》，卷五十三，頁897下。

38 「因」字疑為「應」之誤植。

糾正其觀念甚不易事，此為教育心理之極宜注意者。
故必須有理想、有制度、有組織。對佛教青年之德學
及其前途，作全盤的計畫，期以配合現代佛教之復興
及國家建設之發展，尤以國民知識的充實，歷史常識
之具備。若大學以上的佛教青年當多方發揮其研究之能
力，配合佛教學術之建立，希能使隋唐佛教之學術風
氣重光。[39]

　　很清楚的點出她進行佛教教育研究的下手處、發展向度
與宗旨。

　　法師也曾自訴其教育觀念的形成，不同於現代一般學院
式的養成教育與研究態度（讀教育學、教育心理學、教育研
究心得等），而是緣自於從小醉心學問的追求、人生哲理的探
索，進而發覺到教育的神聖任務係奠基在道德純樸、人格尊
嚴的學者老師們的即身教育上（傳統所謂師道尊嚴，是言
教、身教，乃至佛教之默教）。

　　後續，為實現其以教育濟世的心願，除了勤於人生哲理
與道德的研習熏修外，還參研近代中西教育論著，如《教育
的藝術》[40]和《人文主義與教育》[41]等近十餘年的譯著，提供

---

39 釋曉雲等，《風送蓮香・論現代佛教教育之趣向》，頁13。

40 柏拉圖等著、廖運範譯，《教育的藝術》，臺北：志文出版社，1970年。
　本書收錄昆提連（Marcus Fabius Quintilianus）、柏拉圖（Plato）、柯米
　尼亞斯（John Amos Comenius）、盧騷（Jean Jacques Rousseau）、培斯塔
　洛奇（Johann Heinrich Pestalozzi）、斯賓塞（Herbert Spencer）、哈艾特
　（Gilbert Highet）與湯恩比（Arnold J. Toynbee）等八位有關教育的精
　闢見解。

她許多對傳統觀念與現代教育思想調和的共識，從而奠定了
她對教育的看法。[42]

　　本節先針對法師教育思想結晶「覺之教育」理論形塑過
程，作一歷史回顧，其次論述「覺之教育」的理論根據與內
涵，最後標舉「覺之教育」的特色，以突顯其時代意義與價
值。

一　「覺之教育」理論形塑之歷史回顧

　　徵諸相關資料，法師對「覺之教育」的探索起源於旅印
期間對佛教「空」理的進階領會，從而以儒佛教育思想為
本，參酌融貫中、外教育理論之精華，在實務與理論的交參
驗證中，自成一家之言。

　　民國七十六年（1987）法師結集有關佛教教育研究之論
文十二篇：〈佛教文化發展基本要素〉、〈般若禪轉識教育
論〉、〈佛教教育原理〉、〈佛陀之自然教育論〉、〈般若淨化之
覺性教育——論智力與悲情自他兩利的貢獻〉、〈大般若經中
「七覺支」之教育論〉、〈「覺之教育」慧命開拓論〉、〈佛陀
教化的基本原理以「人」為出發點〉、〈般若空慧之妙智教
育論——佛陀覺性言行之學說〉、〈非行非坐三昧之教育
論〉、〈覺之教育理想研究之三大原則〉與附錄：〈禪林教化
對現代教育之啟示〉，出版《覺之教育》[43]專書；而於民國七

---

41 王文俊，《人文主義與教育》，臺北：五南圖書出版公司，1983年。

42 釋曉雲，《環宇周行前後・我的教育情懷》，頁83-84。

43 該書初版。1998年，原泉出版社發行二版，增錄〈般若繁興大用〉、〈佛

十九（1990）年秋天，因創辦華梵工學院而實現其「二部並進」的教育理想，了卻其「人生三件大事」[44]之一！茲引證說明如下：

（一）濫觴期

　　法師旅印期間，由於受到泰戈爾大學藝術學院院長難陀婆藪以蠶「飽食之後就要吐絲；吐絲之後，卻又為所吐之絲所困，然後它就會咬破蠶繭而衝出」[45]為喻，說明真理的追求者所需面對的「人生三部曲」：先須飽於學、其次困於學，最後以智慧超越困境、昇華生命──這番啟示令她默識心通，並對其一生產生「好大好大的影響」！[46]

　　早年也曾嚐過困學之苦悶的她，因此體認到為學應該會有困境，但要能知困、解困，奮起振作才能顯露生命的力量、提昇精神領域，達到不被困的境界，而知困、脫困的關鍵就在於對「空」理的覺悟。她說：

　　　要想不被困，最重要靠一個「覺」字，佛教的「空」

學之基本原理與施教方便〉、〈佛教社會高等教育之意義與目標〉、〈心物互用〉、〈佛陀之言教身教與默教〉、〈覺之教育與人類和諧〉、〈佛陀施教心理〉與〈佛教對現世教育之關懷〉等篇，並刪除原附錄一文。參見法師撰《覺之教育》二版，目次頁1-2。

44 法師數十年縈懷在心的三件大事是：一、好好教母親念佛，侍奉往生（已於一九七九年五月初七安詳捨壽）；二、為佛教拓荒創辦社會大學；三、整理數十年積稿出書。參見法師撰《佛學獻詞‧自序》，頁4；《三山行跡‧佛陀引領著我終到寶所》，頁65-66。。

45 釋曉雲，《東西南行散記‧先地尼克坦的深心印象》，頁189。

46 同上註，頁190。

理，是「覺」的根本，也是萬法之至理，真常的真
理，有所參透後才叫「空」；沒有參透，根本不是
「空」。所謂放下，要經過提起才有放下，如果沒有提
起，如何能談放下？這確如蠶吃桑葉，吃得飽，就等
於一個人向學的途徑已經深入，至於蠶咬破絲困，是
因為已經感覺到被困，而想咬破困絲衝出，這猶如禪
宗所謂「打破黑桶底」。其實人的生命能否昇華就在一
個「覺」字，因此本人今後將會專注「覺之教育」的
研究與提倡。計畫東南行之後回到僑居地香港，仍然
從事教育工作，更想從儒佛思想中吸取有關「覺之教
育」的養份。[47]

（二）儒佛文教思想與西方教育思想參研融貫期

法師自印返港後不久即擔任香港東蓮覺院佛學院教育原
理講席，除發揮儒家、佛家的教育理論外[48]，亦用心留意近
代西方教育思想；因有感於西方近代教育理論雖然豐富，但
對於扶助人類智慧發展的見解不夠周全與精闢，且缺乏對於
德育培養問題的探究，遂發願嘗試動筆編撰一篇佛學教育
論，以作為研究對教育之自我反省。從發願到完成逾十載期
間，法師曾自述：

---

47 同上註，頁191。
48 目前所見最早之相關著作為民國四十二年（1953）之〈自牧論──心的
　　訓導〉，參見法師撰《佛學散論》，頁89-96。

幸得佛教大德倓虛老法師指示佛法要旨，止觀之修持要義，「眾生三因」（正因理性、了因慧性、緣因善性）與「佛果三德」（法身德、般若德、解脫德）。南亭老法師賜示《華嚴宗史略》，內容皆為對佛學教育論有精良扼要之資料，至於配合教育制度之道理，天臺宗有所謂「化儀四教」；賢首所謂「十教儀」，即教化之方式，相似於一般性教育制度之編制。在天臺化儀中當「漸」門，賢首十儀中當「本末分別門」。[49]

法師推崇天臺「教觀」（教即教義，觀即慧觀、禪觀）為整部佛學與佛法之大詮、知識與精神之融匯，為內、外學兼顧之理想教育[50]；她認為「佛教這方面之教化施設，對現代教育過於重視知識，而忽略精神心理之培養實可提供參考。」[51]

而在〈談佛學教育〉中，法師依據相關經論，會通儒、佛教育的宗旨與施教方針，指出：「止於至善」為一切教育之旨，良好的教育應以德行的培養為根基，以發揮內明智慧為大用，所謂「唯德是依」、「唯善最樂」、「唯慧最富」；儒佛二教皆採心教、身教並重之施教方針，惟法師根據她本身在學佛的研究體會，佛教在心教的部分較諸現代心理學說透徹而精闢，果真能運用在教育方面，以為訓導與德育之培養，將

---

49 釋曉雲，《佛教教育講話‧談佛學教育》，頁123。
50 釋曉雲，《佛教論文集‧禪林教化對現代教育之啟示》，臺北：原泉出版社，1997年，頁331。
51 同上註，頁332-333。

可發揮善導人性的上乘化育之功！[52]

　　法師在民國五十年（1961）寫於香港的〈佛教教育隨筆〉中，指陳單憑現成的教育設施是無法把人類引領到真理之門，雖然重視心法、精神發揮與心理提煉的佛法，可補現世教育偏重現實知識技術之失，但若缺乏現代心理常識，一味沿襲傳統方法於現代佛學教育，亦不可能有良好的進展；因此，「心理的研究是教育的第一項要件，尤其超乎普通教育的設施，更須多多注意心理的構成與演變；箇中道理，不妨參考歐洲各國之設施，而對於精神之指導與實施，也當盡量採用東方的教育原理為根據。」[53]可以看出她對東西方教育思想兼容並包、各取所長的開放態度。

（三）「覺之教育」理念宣揚期

　　民國四十七年（1958）法師結束環宇周行出家後，即陸續發表有關現代佛教文教發展之文章。民國五十四年（1965）在「第一屆世界華僧代表大會」提出〈佛教教育芻議〉[54]，公開呼籲佛教界人士積極發展「二部並進」的施教理想。而首次於學術會議上倡言施行「二部制」之佛教教育，是在民國七十年（1981）十二月「第一屆佛教教育研討會」上發表〈佛教教育原理〉一論文中提及。[55]同年八月，則是第一次在國際學術會議宣揚「覺之教育」──該會議係

---

52 同註49，頁121-122。
53 釋曉雲，《淨苑隨筆・佛教教育隨筆》，頁104。
54 釋曉雲，《佛教教育散論・佛教教育芻議》，頁151-158。
55 參見法師撰《覺之教育・佛陀教育原理》，頁88-90。

假美國威斯康辛大學舉辦之「第四屆國際佛學會議」，法師發表〈般若禪轉識教育論〉，強調：

> 須知「覺之教化」自有一套理性體驗與統一和諧，……今日時代亟需求有責任感之青年。故今日世界之教育亟需有一種以調心「轉識」的「覺之教育」而後可望肩任重責，以「大法為己任」之人材，尤其能以「總攝綱維」[56]之氣概，不是小器小用的人物，否則對人類不會有大的貢獻。……理想之教育，不祇灌輸知識，實需具有教人能如何洗心滌慮的方法，又如何開拓智慧的指引。[57]

民國七十一年（1982）十二月，法師在「第二屆佛教教育研討會」上發表〈般若淨化之覺性教育〉，呼籲：

> 現世需提倡悲智教化「覺之教育」有助世界安寧。身心之教化，尤其重視解惑開慧的心靈善導，無論中印古代之教育和西方之教育哲理，對「教育愛」、「智慧人」等的偉論，佛陀都已說到，而且極為詳盡，作種種釋義之解述，真是婆心無盡，苦口良藥，遍於三藏十二部典籍中，……智者善能內明反照，所謂「覺之教育」，就是如何訓導青年對心意之善導，對環境之選

---

56 〔東晉〕廬山慧遠大師（334-416）:「既入乎道，屬然不群，常欲總攝綱維，以大法為己任。」典出《大正藏・神僧傳》第五十冊，頁957a。
57 釋曉雲，《覺之教育・般若禪轉識教育論》，頁70-71。

擇，唯有培養定慧工夫，觀察正確，不浪費心思，務使精力充沛。……智力之增長具無畏之大體大用，對自身之幸福、國家社會之貢獻，都靠這智力不斷增長之積健為雄，無畏精神的自我模造，在佛陀「覺之教育」方法論已具備甚豐，……尤以天臺教觀、止觀之修持法，及次第法，前方便論，正是佛教心理教育論之大觀。[58]

　　華梵工學院的創辦是「覺之教育」理想的初步實現；創校前後，法師則透過「國際佛教教育研討會」[59]的舉辦，諮諏善道、集思廣益，以期發揮「覺之教育」與時俱進的功效。民國七十六年（1987），法師提出「覺之教育理想研究之三大原則」：一、覺之教育理論之闡揚、二、覺之教育施教方針之設擬，與三、覺之教育之實驗和反影，作為「覺之教育」初步發展之依據[60]，再度展現她一向謀定而後動與精益求精的處事風格。

二 「覺之教育」理論依據

　　法師在〈覺之教育理想研究之三大原則〉中，明白揭示

---

58 釋曉雲，《覺之教育・般若淨化之覺性教育》，頁106-107。
59 民國七十年（1981）召開「第一屆佛教教育研討會」，民國七十二年（1983）改為「國際佛教教育研討會」。自民國八十八年（1999）第十一屆開始，改為「國際佛教教育文化研討會」。民國九十一年（2002）舉辦第十二屆後即停辦。
60 釋曉雲，《覺之教育・覺之教育理想研究之三大原則》，頁245-247。

「覺之教育」的理論根源如下：

> 主要為秉承佛陀教化之基本精神，融攝我國歷代聖哲
> 之教育思想，並參考世界教育學家之著論，取捨融
> 貫，研議其可行性及適合我國民情社會者，俾使下一
> 代之主人對國家、民族、東方文化及人類社會之根本
> 教育有一理想之指標，使其於生命歷程中，得以攝取
> 充分之養分，以涵養豐富美善之人生。[61]

　　箇中「佛陀教化之基本精神」指的是佛陀自覺覺他、悲
智雙運的救世情懷。[62]法師推崇佛陀一生示現「覺」與
「教」的理想典範，其覺性教化是內心實證後轉示大眾之智
慧行，而此真知真見、智慧內瑩的覺性，來自於自我教育的
訓練；而《般若經》[63]中對「覺」性的研究、對淨心以顯
「無塵智照」[64]之重視，若能應用於教育學上，法師認為將
是對現代教育極有貢獻之事。[65]

　　「我國歷代聖哲之教育思想」，主要是指孔孟「仁義道
德」之學與老子「自然無為」之學[66]；至於「世界教育學家
之著論」則包括古今東西方著名教育家之作品，例如：

---

61 同上註，頁245。
62 參見法師撰《覺之教育‧佛陀教化的基本原理以人為出發點》，頁141-
　　143；〈佛學之基本原理與施教方便〉，頁192。
63 〔姚秦〕鳩摩羅什譯，《大正藏》第八冊，頁217a-424a。
64 自性清淨心所開顯，不為塵勞所遮障的能觀之智。
65 釋曉雲，《覺之教育‧大般若經中「七覺支」之教育論》，頁113-116。
66 釋曉雲，《覺之教育‧般若禪轉識教育論》，頁74-76。

印度哲人阿羅頻多（Aurobindo）的精神訓練[67]、捷克教育學者柯米尼亞斯（John Amos Comenius，1592～1670）的「徹底的教育[68]」[69]、美國杜威（John Dewey，1859～1952）的教育思想[70]、德國教育學者克理克（E. Krieck）有關「自然啟發」的論著[71]、盧梭（1712～1778）的《愛彌兒》[72]與一九八三年興起於美國的「派代亞」（Paideia）人文主義思想的著作等[73]，散見於法師有關佛教教育的論述中，不勝枚舉！

　　而基於「教育不尊於哲理，不夠深度（不真）；不參考藝術，不夠幽美情趣（不美）；不融匯廣義的宗教思想，不易興發悲情（不善）。」的體認，法師晚年更深信：若想尋求具備真善美，復能超越真善美的教育理念，那就必須追蹤孔孟的教育思想，進而探尋佛法中「覺之教育」的表裏——「此內涵智慧、慈悲，而表現於生活行為之正心誠意，與淨化思想之完善的人生，對國家社會人群，可能有良好影響。」[74]

　　根據上述有關「覺之教育」的理論探源，可以肯定法師

---

67 法師在〈讀阿羅頻多的精神訓練〉中：「最理想的教育，不只是知識的教育，而且兼有精神的訓練，成就一個具有健全心理與崇高精神的人物，以準備承擔人世間那些任重道遠的利群事業。」參見法師撰《東西南行散記・讀阿羅頻多的精神訓練》，頁170。

68 參見林玉體，《西洋教育思想史・第八章主張泛智的教育學者——康米紐斯》，臺北：三民書局，1995年，頁264-265。

69 釋曉雲，《覺之教育・般若淨化之覺性教育》，頁108-109。

70 釋曉雲等，《風送蓮香・論現代佛教教育之趣向》，頁16。

71 釋曉雲，《佛教教育講話・發展佛化教育應先注意提高師資》，頁64。

72 釋曉雲，《覺之教育・覺之教育慧命開拓論》，頁137。

73 釋曉雲，《覺之教育・佛陀環境教育親近自然世界觀》，頁298。

74 釋曉雲，《拓土者的話・第一屆開學典禮致詞》，頁89。

所倡導的「覺之教育」，其哲學基礎仍不出中國哲學傳統中的「心性論」、「修養論」與「聖人論」。茲徵引高柏園先生在〈覺之教育的理論根據及治療意義〉中，以上述三義，說明中國傳統智慧之教育觀——「成德之教」（此「德」可以是儒家的「道德」，佛教的「解脫」或道家的「逍遙」）之理論根據的論述為證：

> 中國傳統乃是從三義加以回應，其一是以心性論說明此實踐之成德之教之所以普遍可能，乃是因為人普遍具有一自覺自證之本心本性，是以人人皆可依此而成就其生命之至高價值與自我實現。其二是以修養論說明人由此心性論之可能，如何真實完成，其中乃是經由人之具體修養及實踐而後可能，同時，也正因為人在具體修養及實踐之差異，是〔以〕一方面有種種教育法門之差別，另一方面亦由此差異而表現出縱的高度之差別，由是而有小人、君子、聖人等高下境界之差異。其三是聖人論對此中之自我實現加以完整之描述與說明，此中，內聖外王雖然是《莊子・天下》[75]所提出之概念，卻是可以普遍應用在儒、釋、道三教的理念。以上諸論當可做為覺之教育的理論根據之基本架構。[76]

75 《莊子・天下篇》：「是故內聖外王之道，闇而不明，鬱而不發。」參見郭慶藩輯《莊子集釋》卷十下，臺北：華正書局，1979年，頁1069。

76 高柏園，《華梵大學覺之教育學術研討會論文集・覺之教育的理論根據及治療意義》，頁190-191。

實際上，法師所倡重視心靈自覺與慧命開拓的「覺之教育」，亦符應東西哲學中「以心靈精神之自覺活動」為本之人文精神，「此一精神之自覺活動在儒家為仁，在佛教為覺，在康德為自律，而在黑格爾為精神。」[77]佛教肯定人人皆有佛（覺）性，但以妄想執著而不得證[78]，透過戒定慧三學的薰修[79]，悟明宇宙人生緣起無我、三諦（空、假、中）圓融的實相，從而返妄歸真、順（佛）性而行，便能自創福慧充滿的人生，而以自覺覺他、覺行圓滿的佛果為生命實踐的終極目標。而基於眾生根性差異的事實，佛陀應機施教，遂有人、天、聲聞、緣覺、菩薩五乘權法之別與證果之異，而以導歸一乘佛果為終極目標。

三　「覺之教育」的內涵

明瞭了「覺之教育」的理論依據後，底下再進一步按「教育宗旨」、「教育施設」兩項，概述「覺之教育」的內涵：

---

77 賴賢宗，《華梵大學覺之教育學術研討會論文集・覺之教育與人文精神：以唐君毅哲學關於人文精神之重建的闡釋為例》，頁30。

78 佛陀悟道語：「無一眾生，而不具有如來智慧，但以妄想顛倒執著，而不證得。若離妄想，一切智、自然智、無礙智，則得現前。」參見于闐國三藏實叉難陀奉制譯，《大正藏・大方廣佛華嚴經》第十冊，頁272c。

79 戒定慧稱「三無漏學」，典出《楞嚴經》：「佛告阿難汝常聞我毘奈耶中，宣說修行三決定義，所謂：攝心為戒，因戒生定，因定發慧，是則名為三無漏學。」〔唐〕天竺沙門般剌蜜帝譯，《大正藏》第十九冊，頁131c。

（一）教育宗旨

　　──善導人心，開拓慧命，悲智雙運，自覺覺他。

　　佛教以心為萬法之根源，是以法師主張教育的宗旨，宜旨於「心」學的善導，透過禪修觀行的訓練，務使心意純淨，養成「妄心若起，知而勿隨，妄若息時，心源空寂，萬德斯具，妙用無窮」[80]的覺照功夫。而此「心源空寂」之境，實賴慧悟臨照之智光所臻，亦即覺性所開顯的智用[81]；依《大乘義章‧二十末》[82]所言，此「覺智」有「覺察煩惱」與「覺悟真理」的妙用──前者對治伺隙侵人的煩惱賊（貪、瞋、癡、慢、疑、不正見），智者覺之，能隨緣省察，不為所困；後者對治凡夫見理不清，痴迷顛倒、無明執障，聖慧一起幡然大悟，如睡得寤。

　　佛教「緣起性空」的真理觀，有助消融小我的執礙，興發慈悲無我的大愛之情。是以「覺之教育」是「由覺興悲，

---

80 典出〔唐〕不空譯《金剛頂瑜伽中發阿耨多羅三藐三菩提心論》，《大正藏》第三十二冊，頁573b。

81 釋曉雲，《覺之教育‧般若禪轉識教育論》，頁57-58。

82 〔隋〕慧遠撰《大乘義章‧二十末》：「覺有兩義，一覺察名覺，如人覺賊；二覺悟名覺，如人睡寤。覺察之覺，對煩惱障；煩惱侵害事等如賊，唯聖覺知不為其害，故名為覺。故涅槃云：如人覺賊賊無能為，佛亦如是，能覺無量煩惱已，令諸煩惱無所能為故名為佛。覺悟之覺，對其智障；無明昏寢事等如睡，聖慧一起朗然大悟，如睡得寤，故名為覺。既能自覺，復能覺他，覺行窮滿，故名為佛。」《大正藏》第四十四冊，頁864c。

是悲智雙運，淑世主義，形成關懷世道，尊重人性，人格的昇華的智慧善導的教化。」[83]法師深深肯定：佛陀的「淨化悲智」、儒家的「止於至善」，皆根植於心源善導的教化，實是正確的教育宗旨。[84]

（二）教育施設

1 重視禪行攝養的熏修——定慧等持

　　法師依天臺教觀並重之施教方針，重視止觀定慧之禪行攝養，期清瑩心思、淨化心境，內明開顯、智慧明達。在〈般若禪轉識教育論〉中，曾言及：

> 佛陀度眾「覺之教育」在施教過程中，要從根底改造
> 觀念，而不祇是知識上的灌輸，這當然要訓練修習禪
> 觀，使之感覺「親切」的經驗，如饑得食，如渴得
> 水。故禪師云「禪悅為食」。[85]

　　「禪」之一字，原文是禪那（Dhyana），新譯是「靜慮」，舊譯是「去惡」；由於靜慮而臻淨化之心境，由於去惡而達至善之品格，從而一切自在平安之福報都繼之而來。[86]禪行攝養有助定力慧悟的開發，可對治當代世人動靜失調、

---

83 釋曉雲，《覺之教育‧般若禪轉識教育論》，頁76。
84 釋曉雲，《覺之教育‧般若淨化之覺性教育》，頁108。
85 同註83，頁45。
86 釋曉雲，《覺之教育‧佛教文化發展基本要素》，頁38。

散心雜思的毛病；日久功深，便有機緣開顯大圓鏡智，澈悟宇宙人生實相。[87]

佛教肯定眾生皆有佛性，但以妄想執著而不得證。法師強調：

> 吾人之淨心智照，本自具足，但以緣慮粘想過多，塵勞所隔，是以當面錯過。……禪法多門，若祇行持一簡要「調息」，謂安般法門；或將心專注一境，「心在緣中」，則心不散亂。不散不亂，是安住不失，全神淨意，是時眉目清爽，身心自在。……禪法之慧學，與一般世學之智慧不同；世間智慧，是由思考而獲得，般若禪慧，乃由寂靜而自顯，自然性，乃自性分中來。[88]

是以佛化教育中，重視修習禪定，以培養自性根本之定力；如根壯有力，自向土地鑽深，故能根深蒂固，自創花果繁榮之福慧人生。[89]

法師自身對於天臺止觀行法終身奉行不渝。民國八十五年（1996），八十五歲的她在〈第二屆天臺學會〉致開幕辭時，特別提到：為了辦大學她放下不少重要的事情，所幸「心中的天臺法脈是無法放下的，而能使我百折不回的為華梵創校，可能都得止觀法門的法力支持，能得堅持到結出小

---

87 同上註，頁7。

88 釋曉雲，《覺之教育‧般若禪轉識教育論》，頁46-48。

89 釋曉雲，《覺之教育‧般若淨化之覺性教育》，頁105。

果。」[90]

綜觀法師一生功業遍及文學、藝術、宗教與教育等領域，且皆有超凡成就，實得力於平日之禪定功深，善以禪行安養身心。法師門下弟子仁朗法師[91]指出：法師一向自持嚴謹，時時反觀內省、收攝其心，而此「乃吾師平時工作能夜以繼日任勞任重，少眠少休而又能精神奕奕，創作不斷，教學不倦，誨人不倦之原因。真是『源頭活水』，泉湧不盡。」[92]

法師深體禪修之受用，倡導「般若禪佛心宗」，以「般若空有相融思想為實修」的「禪法」，以直探「佛心」為「宗」旨[93]，而以守意「安般」的數息法門（即是數呼吸，從一數到十，當中一點妄想都沒有，才叫淨數「安般」；如果妄想一起就要從頭再數。）[94]為護持正念、修習止觀定慧的基礎工夫，以開顯無塵智照之妙用——法師認為佛陀此種教化解惑開慧的方法，十分值得現代教育所提倡，以期培養青年學子「靜以治心，動以治事」，進而「靜以御事，動以驗心」，展現從體起用、動靜調和的悲心智行。[95]

---

90 釋曉雲，《佛學演講集·第二屆天臺學會開幕致辭》，頁387。

91 自民國六十三年（1974）跟隨法師學佛，曾任教華梵大學東方人文思想研究所。參見釋仁朗撰《華梵大學創辦人曉雲法師圓寂週年紀念暨第六屆天臺宗國際學術研討會論文集·法乳千秋——曉公雲師書畫思想與精神之窺探》，臺北：華梵大學東方人文思想研究所、華梵佛學研究所主辦，2005年，頁53。

92 釋仁朗等，《曉覺禪心——曉雲山人藝文哲思研討會論文集·「今春好，去歲綿綿」一探曉雲法師「曉覺禪心」世界》，頁183、189。

93 同上註，頁183。

94 釋曉雲，《禪話·安心之道》，臺北：原泉出版社，1998年，頁109。

95 釋曉雲等，《風送蓮香·論現代佛教教育之趣向》，頁12。

2. 施教的原則 ── 契理契機

　　早在一九五〇年代，法師與雲門青年談學佛的方法時，即指出：「我們用心思究佛陀一生所行的教育方針，四十九年所演論之方式和進度之方案，其中有許多方便善巧的設施；根據人類心理學和人生基本之心理弱點，以智愚不拘之態度巧設譬喻，盡了最大的悲心來教化人類。」[96]法師觀察佛陀四十九年說法，有其一定的原則與方法，最基本的兩個原則：一是要契理，二是要契機；方法則是隨時觀機逗教。

　　所謂「契理」，是指所說的教理不違背真理；「契機」則是指所施的言教，切合聽眾的心理與程度。正因為佛法的般若妙慧，和菩薩的悲智精神，在世間的學問中不曾聞說分析（唯佛法是生命與慧命相生資長的學問）；施教者如何掌握契理與契機的原則，讓受學者得享法益和法樂的欣悅，這在施教的權巧方便上，是極為重要的。[97]至於「觀機逗教」則是指因應不同時機、不同身份，不同環境，不同心理的眾生，運用綜合佛陀施教方針的「四悉檀」[98]，發揮最佳的教化功能。[99]

　　基於上述的原則，法師提醒「用適合大眾的語詞介紹佛學，那是今日佛學者應注意研究的事。」[100]而從對社會大

96　釋曉雲，《淨苑隨筆・與雲門青年談學佛的方法》，頁4-5。

97　釋曉雲，《拓土者的話・契理契機的佛學》，頁191。

98　四悉檀：世界悉檀、各各為人悉檀、對治悉檀、第一義悉檀。參見法師撰《佛學演講集・禪是家常茶話》，頁143。

99　釋曉雲，《覺之教育・佛學之基本原理與施教方便》，頁198。

100　同上註，頁193。

學佛教課程的構思，即可看出她對施教原則的實際運用：

> 如何使學生對佛學有原則性的觀念和信念與研究，將三
> 藏佛經與各宗派思想，及歷代祖師高僧大德行藏風範，
> 作一系統性研究與策劃，然後分類安排。佛經中有許
> 多可採用為各項課程中的資料，當然要從普遍的概念
> 上獲得知識，和佛教底歷史的創造過程有所注意。課
> 程與施教方針的原則，必須具足此二者。而更需注意
> 的，就是世界文化思潮以配合時代大環境之大體為原
> 則。……務使採用的教材，能使學生易於明瞭，對佛
> 法中的啟示是如何親切，與對人生歷程上具有重要的
> 提昇。[101]

3. 理想師資的條件 —— 悲智具足

法師心目中，當代發展佛教教育最理想的師資，需具備
如下的條件：

（1）具足對佛法的誠信，與對佛陀精神的感格，藉此以感化
學生。

（2）深解佛陀教化之基本原則，解惑開慧、當機施教、慧力
充沛、智力內凝，能為學生帶動研究佛學，方便引人信
解，以激發學生的研習興趣。為此需具有禪淨攝養的修
持。

（3）除對佛法一門深入外，更需具備對教育藝術、教育心理

---

101 釋曉雲，《覺之教育・覺之教育慧命開拓論》，頁151-152。

等一般教育學的認識與研究深度。

（4）學習佛陀運悲智教化弟子的親切師生互動。法師：
　　「知識豐富的教師當然很好，但悲情充滿的教師更能
　　感動學生。因此，佛教的師資除佛學深度、知識深厚
　　之外，還需有佛陀的悲願是極為重要的。」[102]

（5）教師要終身學習，勤於通曉無量法門，以期調順與教化
　　學生之如塵似沙之見惑與思惑之問題。[103]

　　而無論專長是那一領域的教師，皆扮演「社會工程師」
的角色，以創造社會現在和未來的希望。法師渴望一所學校
要多幾位真正關懷學生的老師，曾謂：「老師帶著學生不只
講課而已，老師的行為、學問，學生感受的影響，這樣的學
校 ── 淨化的社會，才能展開心理環保的人文精神教
育。」[104]法師曾感慨現世青年難馴，肇因於家庭與學校之教
育未能發揮應有之照護，她說：

　　　　教育失敗之原由，更在於人師之難求。青年之教育必
　　　　須有適當之師資（此言師資不祇學歷，且須有師道，
　　　　才能教人，如只有適當的知識，祇是教書）；沒有師
　　　　道，等於沒有師資。師道是：「能令學，能教，學使
　　　　敏，導善道，令屬賢友，是師對弟子五事也。[105]」[106]

102　同上註，頁155。
103　釋曉雲，《覺之教育‧般若禪轉識教育論》，頁52。
104　釋曉雲，《覺之教育‧佛陀施教心理》，頁306。
105　典出支法度譯《善生子經》，《大正藏》第一冊，頁254a。
106　釋曉雲，《佛學散論‧人教人與佛教人》，頁115。

民國八十六年（1997）十二月二十九日，法師接受行政院文化獎致詞時，呼籲「教育當局要重視培養人師，才能挽救世道人心」[107]，法師認為現代人師除了豐富的學養外，更重要的是要有高尚的人格、無限的愛心與調攝身心的功夫，才能發揮「不祗教技術，不祗教書，更要教為人之道」[108]的精神感格作用！

4. 景觀境教的設計──潛移默化

旅印期間，法師曾居留印度阿羅頻多學院（Aurobindo Ashram），從該學院的教育方式，她深感藉環境設施發揮藝術陶冶之效的重要性，也發覺成功的教育不能只靠課本的教材和教師的講說，還應另有一種精神的配合，即所謂「潛移默化」的心理感格。法師：

> 我們不敢說這是語言的教導可以獲得的，我們只感到這是一種環境氣氛所使然，其所收的效果，是用人事的力量配合於自然與環境的陶冶，故一種比較超然的教育，當然要能提高學生接近自然的情趣，即是能領略自然的美感，這種方針的進行，在佛法的範圍中發展是最適當的。因為佛教的叢林，多在山明水秀之峻

---

107 法師受獎致詞，參見釋曉雲，《三年文集・行政院文化獎受獎致詞》，頁30。

108 拾慧，《清涼法語──上曉下雲導師開示錄・人師之道》（二），臺北：華梵月刊，2000年，頁87。

嶺中。[109]

而她本人一向喜好山居，每感「在自然陶冶的啟示下，我們於不知不覺中，心靈淨化了，似有一種不可思議之力量在潛移默化」。[110]法師傳承佛陀園林生活自然教化之道，善用山林自然與環境景觀，以收潛移默化境教之功。曾云：

> 最懂得自然觀察的佛陀，處處以宇宙自然為施教之旁助，亦以自然景物為說教的教材。佛經所描寫的自然境界，星雲雨露山河日月，一根草，一粒沙，就是宇宙的縮影。人是小宇宙，小宇宙與大宇宙混合無間，自然生活至理運行，當然一切如法，身心無所束縛，是天地間自由人。最好的教育，無過於教人自得乎中，是性情的教育，生命拓展。不過，真是需要教師本身的經過一番提鍊，始見一番工夫。……我們雖然相信教育能借重自然環境，但要施教者與受教者都獲得良好影響與資助。而首要的準備是心境的純淨與意願，誠摯的淨化心理，否則自然界雖有春夏秋冬各有其運行的美景，也視若無睹。[111]

至於實行自然教育應注意之環境施設，法師有如下具體之建議：

---

109 釋曉雲，《淨苑隨筆‧佛教教育隨筆》，頁105。
110 同上註，頁106。
111 釋曉雲，《覺之教育‧般若禪轉識教育論》，頁67-68。

（1）稍遠市塵，山林靜境，樹木青蒼。

（2）注意師友質素，互為影響。

（3）起居住處之設備，簡樸不華，色素淡雅。

（4）學習之環境，宜多設具影響性之文藝點綴（如古人佳言，書畫與一般藝術品）。

（5）具宗教情緒影響力之靈修靜境之房舍設備。

（6）學術沈思，應注意提起想像力的影響。

（7）文學藝術氣氛之陶冶環境，不可缺少。

（8）多重視啟發悲情之善導影響等。[112]

　　法師常鼓勵學生多親近大自然，因為大自然是我們人類最好的老師！高柏園先生在〈中國自然教育的傳統智慧及新方向〉文末論及：「莊子說：且有真人而後有真知。我承認，美麗的生命會看見美麗的自然。但是，我也相信，美麗的自然也會培養出美麗的靈魂與生命。這正是自然教育的重點所在了。」[113]誠可作為法師重視自然景觀境教之註腳。

四　「覺之教育」的特色

　　民國七十年（1981）十二月二十三日，法師探訪病中的張其昀先生，二人對談佛教相關問題。張先生曾問及：「提倡佛教教育，最重要的是什麼？」法師答曰：「『覺之教育』，一

112 釋曉雲，《覺之教育・佛陀之自然教育論》，頁99。

113 高柏園等，《第三屆師法自然淨化人心學術與實務研討會論文集・中國自然教育的傳統智慧及新方向》，臺北：華梵大學工業管理系所，2000年，頁36。

面靜以顯體，一面動以啟用。用佛教的淨化思想生息文化配合國家的文化發展。」[114]相較於「有用無體」、抄襲模仿西方主知傾向的國內教育體制──「傳統的重德精神，以及有關人格修養的種種教育活動，都自然被犧牲了。」[115]法師所標舉的「覺之教育」就施教方針而言，具有崇本務實、體用兼備之特色：

（一）淨心與安身為本

前文已論及：基於「心為萬法之根源」的體認，法師主張教育之宗旨宜本於「心」學的善導。[116]法師認為理想的教育，不只灌輸知識，還需具有教人如何洗心滌慮的方法，與開拓內明智慧的指引。[117]在〈佛學之基本原理與施教方便〉一文中，法師論及：

> 世界萬有，人為中心，而「心」主宰人的行為、思想。故無論家庭教育、社會教育、學校教育、自我教育皆以調伏心境，治心為主。故佛學謂心生世界生。佛教以治心之學，而使靜覺的思想，善導一切行操思惟，故原始佛教八正道[118]，亦稱基本原理的淵源，由基本原理所發展至種種方便施教的教化，也不外為

---

114 釋曉雲，《華岡緣影錄·探訪華岡拓土者談佛教記》，頁339。
115 曾昭旭，《論語的人格世界·中國人文傳統與現代教育》，臺北：漢光文化事業公司，1989年，頁22、26。
116 釋曉雲，《覺之教育·般若禪轉識教育論》，頁57。
117 同上註，頁71。
118 八正道：正見、正思惟、正語、正業、正命、正精進、正念、正定。

人，人的問題解決，社會國家安寧，世界和平，人類福祉。故最基本的方法，要從「治心」為首要。[119]

在〈關於佛學教育〉中，法師指出佛法為心教、身教並重之教育，三藏十二部經教與天臺教觀並重之學，解行相應，淨心與安身為本，蓋心淨則心正，心正則身修，身修則安樂，此通於儒教「身修、家齊、國治、天下平」之理。[120]而在〈般若空慧之妙智教育論〉中，更進一步指出：

> 覺性教育是超知識和重視心行實踐之心理教育，行為教育，乃至終身教育。若論因果則涉及到後生教育（佛法以三世因果說明學佛修攝覺性智慧，可延續下生之福慧）。因覺與不覺，可以決定生活之目標和行為之軌則；如善惡不分，毫無宗旨的神昏散亂，易於形成罪惡之行為，盲目的追求，如失韁之馬，這當然是不覺之迷惘之徒。[121]

佛教講三世因果，所謂：「欲知前世因，今生受者是；欲知來世果，今生作者是。」[122]每個人都要為自己的起心動念、所作所為負責任，因為它們都將在一己的八識田中（唯

---

119 釋曉雲，《覺之教育・佛學之基本原理與施教方便》，頁200。

120 釋曉雲，《島嶼歲月・關於佛學教育》，頁249。

121 釋曉雲，《覺之教育・般若空慧之妙智教育論》，頁214。

122 〔明〕大佑集，《淨土指歸集・決疑門第七》卷下，《卍新纂續藏經》第六十一冊，臺北：中華電子佛典協會，2005年，頁395c。

識宗稱「第八阿賴耶識」）留下一顆種子（業種），種子遇緣
就會起現行，現行又回過來薰習種子，此即唯識的「種現薰
習說」。因此，若能透過禪觀的訓練，轉識成智「心田不長無
明草」，便可「覺苑常開智慧花」──心淨覺性顯，便能在智
慧之光的引領下，諸惡莫作、眾善奉行，興心動念皆是自利
利他的慈悲行。如此，不僅個人得享身心安樂、福慧增長的
受用，對社會人群乃至國家世界必有正面的貢獻。

　　古德有云：「心地清淨，方可讀書。」有感於青年正是自
我充實、儲存學識的黃金時期，法師未出家前，即憂心於青
年人因缺乏心教與身教，致心為物役、身為慾奴，造成日後
無法補救之遺憾，故特別看重青年時期心靈善導的務本教
育，以期「本立而道生」[123]，心淨一切淨、心淨國土淨。

（二）慈悲與仁德為體

　　法師認為「現世不乏聰明人士，但慈悲心的缺乏，正是
現世人類社會之大大隱憂，亦當為教育之反省與振作，從而
補充之要務。」[124]緣於人們欠缺同情體物之慈悲，天災人禍
頻仍，「社會失相生之道，人類有自毀之虞」[125]！而覺性教育
透過緣起性空、性空不二之般若智照，體悟人我相生、物我
一體之真諦，從而興發「眾生有病我有病」[126]之「同體大

123　《論語・學而篇》第二章。參見何晏注、邢昺疏《十三經注疏・論語
　　注疏》，卷一，頁5下。
124　釋曉雲，《覺之教育・覺之教育與人類和諧》，頁280。
125　釋曉雲，《覺之教育・般若空慧之妙智教育論》，頁219。
126　典出《維摩詰所說經》第五品，原文為：「以一切眾生病是故我病。」
　　《大正藏》第十四冊，頁544b。

悲、無緣大慈」。[127]法師推崇佛家「彼生我生，彼滅我滅」的覺性內明與儒家「己所不欲勿施於人」、「推己及人，推人及物」的仁心，為人間暖流之源。[128]

法師崇揚傳統文化以仁義道德為本位之人文思想，肯定人應有仁德之含分（釋迦牟尼佛的中文譯名即「能仁」之義）。她認為：

> 教育本該是教書傳（授）知識和技術科學等，但教人「仁德之含分」有仁義人格道德倫理，更是基本的重要的教育，如此才能維持人與人之和諧，保持文化生活的習慣，社會文明之氣氛。……沒有仁不知「守分」，失卻秩序混亂，人與人無法親切，所謂離心的教育，就是沒有仁學的教育，沒有充分覺性的培養，師生不親，父子兄弟不親，夫婦不親，即使教育成功，也不過是裝飾人生（裝飾這世界，不幸的甚至弄髒這世界），祇是人頭上的花冠。[129]

《大智度論》卷二十：「大悲是一切諸佛菩薩功德之根本，是般若波羅蜜之母，諸佛之祖母。菩薩以大悲心故，得般若波羅蜜，得般若波羅蜜故得作佛。」[130]慈悲為大乘佛法

---

127 參見藍吉富主編，《中華佛教百科全書》第七冊，臺南縣：中華佛教百科文獻基金會，1994年，頁4335。

128 釋曉雲，《覺之教育·般若空慧之妙智教育論》，頁218-220。

129 釋曉雲，《覺之教育·覺之教育與人類和諧》，頁284。

130 龍樹菩薩造、〔後秦〕鳩摩羅什譯，《大正藏》第二十五冊，頁211b。

之基本特質，被尊為是智慧之母，而智慧是諸佛之母，故慈悲可說是諸佛的祖母。[131] 法師每引《法華經》：「以慈修身，善入佛慧。」[132] 勉勵從學者多發慈悲心，以具備修學大乘佛法、妙契佛慧的資格，從而踐行悲智雙運之六度萬行，利益無量眾生！

　　法師以孔子一生教人，始於「小子莫先於應對進退」，是行為之得體（依於仁[133]）；而終於「孝悌忠信，禮義廉恥」德行之成就，其一貫之道，由淺而深、自始至終，無一而非做人的品格與德性的培育，而發展為行為之實踐，以表「理性」與「事相」之一貫；故謂「行仁義以教化莫尚乎儒」。[134] 法師融攝儒佛文教思想於其「覺之教育」中，呼籲正視「教人的教育」，讓教育回歸到以慈悲與仁德為體的根性教化上，以發揮「人能弘道」的大用。[135]

（三）智慧與知識為用

　　相對於現世教育偏重於「教書」，注重技能知識的傳授，而未思及「教人」之道，法師希望在她「二部並進」體制下的華梵大學工學院「不祇教書傳授科技，更希望教人善導行為，以正常的心理行為去承受科技知識，期能用明覺智

---

131 林朝成、郭朝順，《佛學概論》，臺北：三民書局，2000年，頁341。
132 典出《法華經・序品》，《大正藏》第九冊，頁1c。
133 《論語・述而七》第六章。子曰：「志於道，據於德，依於仁，游於藝。」參見何晏注、邢昺疏《十三經注疏・論語注疏》，卷一，卷七，頁60下。
134 釋曉雲，《淨苑隨筆・與雲門青年談學佛的方法》，頁4。
135 釋曉雲，《覺之教育・佛陀環境教育親近自然世界觀》，頁296。

慧而具悲情的人去發展更高的科技知識，以求宇宙自然人世間的相安共處，而不是征服對方。」[136]智慧乃「淨心自覺之所證」[137]；關於智慧之大用，法師有如下之說明：

> 許多人以為名利最值得關懷，其實智慧的培養，才是值得我們關懷探取的。慧解現前，所謂一切問題，皆不成問題了。……教育不祇創造理想世界，並指導青年走向理想的前途，更依止理想幸福的生命前途。慧命開拓，這一切一切都要諦視「正觀」，絕無不正常心理所產生不正常的觀念（《大智度論》言八正道為正觀念之所依）。……正念、正思惟的心態中，當然能攝引純淨心理的發展，養成正確觀念的人生，甚至發展悲天愍人的淑世觀念，也屬「覺之教育」的成果。[138]

智慧的有無，為個人與社會人群禍福之所繫；法師：「世界人群的禍亂苦痛，由於智力不夠覺悟，故對事理不明所致。社會上許多問題都交織在我們智力的感覺上，就我們的反應與判斷而決定，故人生一切幾乎決定在覺性的發展與否表現於人事社會而論得失。換言之〔，〕即『覺與不覺』的形成。」[139]

---

136 釋曉雲，《覺之教育・引言》，頁1。
137 釋諦閑，《大乘止觀述記》，臺北：新文豐出版公司，1975年，頁66。
138 釋曉雲，《覺之教育・覺之教育慧命開拓論》，頁136-137。
139 釋曉雲，《覺之教育・般若禪轉識教育論》，頁71。

　　在《覺之教育》一書引言中，法師明白指出覺智的具體
表現與內容：「使人充滿同情感，進而體悟人與萬物是相生而
非分生；亦即透過自然教育、濟生教育、心理教育、自我教
育，使人能從自己的世界通會到他人的世界，透過對自己的
認識進而擴展到對他人的瞭解。」[140]可見「覺之教育」除了
強調開顯智慧的重要外，亦不否定追求知識的必要，透過世
間學的充實，可以增益利生濟世的本事。佛陀被尊為「世間
解」[141]，觀世音菩薩具備千手千眼，菩薩行者需具備「五
明之學」（聲明、因明、內明、醫方明與工巧明），皆明
示：導引學生以出世間的智慧善用世間的學問知識，才能達
到兼顧解決生存問題的現實關懷與解決生命問題的終極關懷
之理想教化目標。

140　釋曉雲，《覺之教育‧引言》，頁1。

141　佛十號之一，知世間有情非情之事也。參見丁福保等編《實用佛學辭
　　典頁》，頁496下。

第五章
曉雲法師的教育志業（下）
── 實踐篇

　　法師以任教陽明山文化大學（當時為文化學院，1967）之因緣，遂以陽明山作為日後發展佛教教育文化工作的基地。

　　民國五十九年（1970），就近在陽明山腰永明寺創辦蓮華學佛園，培養女眾僧才；民國七十年（1981），於臺北縣光明山建設發展華梵佛學研究所（民國六十九年創辦，1980）潛修之所址；民國七十六年（1987），教育部核准籌設華梵工學院於石碇大崙山，從此即一身奔走於三山之間。

　　民國七十九年（1990）華梵工學院正式開學後，因三山距離互遙，乃將蓮華學佛園、華梵佛學研究所合遷於大崙山。法師在臺灣的這三山行跡，也正是她後半生貢獻佛教文化教育工作的發展過程與實錄。[1]茲分述如下：

1　雲門園丁，〈代序：隨師修學三山跡〉，出自法師撰《三山行跡》，頁3。

第一節　蓮華學佛園

一　創辦緣起

　　民國五十九年（1970），法師應修慈法師（1942～）[2]之請，得永明寺住持信定法師與碧潭大佛寺住持能定法師之助，決定在永明寺辦學，不對外招生，只收慕道而來的五、六位學生。當時以永明寺大殿旁的藥師殿為教室，能定法師贈送黑板、課桌椅，法師捐出華岡薪水採購教學用品及學生伙食品（伙食由學生自理），並事先與發起人修慈法師言明：「學生好，繼續教；不好，隨時關門。」就這樣麻雀雖小，五臟俱全地辦起學來。[3]

　　法師曾表明之所以願意辦學的原因：

> 我學佛，教人學佛，這是本人對佛教教育的中心立
> 論。唯其如此，我才要承著永明寺的發心因緣，提供
> 園地創辦蓮華學佛園，為的是與青年共同學佛，而不
> 祇是佛學的研究。[4]

2　曾任華梵大學董事會董事長、蓮華學佛園園長，追隨法師學佛修行近四十年。

3　參見釋曉雲等撰《風送蓮香・蓮華學佛園創辦緣起及其宗旨》，頁9。及釋修慈撰《華梵大學創辦人曉雲法師圓寂週年紀念暨第六屆天臺宗國際學術研討會論文集・口述歷史──我與曉公導師的因緣》，頁40。

4　釋曉雲等，《風送蓮香・論現代佛教教育之趣向》，頁12。

是以法師自述蓮園創設的緣由：「蓮園學風，上溯恩師倓公老人，以學佛為矢志；學佛心，學佛行，學佛內外方便智，學佛他布施，學佛自布施，學佛初厭離，而又學佛不捨眾生，為自學佛亦教人學佛，故有蓮園之創設。」[5]

二　創辦宗旨

在蓮華學佛園十週年紀念特刊《風送蓮香》中，詳載該園創辦宗旨：

> 釋尊垂跡，遺教人間，三藏十二部靈文，旨歸心地，而心地法門，遍傳經卷，所欲貫徹於人世者，實不外悲智二門；悲則菩薩行，眾生有病我有病，智則窮究三藏，開演正法續佛慧命。於茲人心惶惶之時代，人類苦於離心而迷惘，失於正念而徬徨，苦海慈航，回頭有岸。如遠行者，意念家園，就路束裝，田園在望。本園思慕原始佛陀之教化以園共學，道在其中矣。於吾人所居之地，所踐之道，親切親切，莘莘學子共荷鋤而躬耕，期花果開敷，自利利他，嚴土熟生，為本園創辦之宗旨。[6]

而在《蓮華學佛園三十周年誌慶・附錄：創辦宗旨》，則將上述創辦宗旨濃縮為「般若淨化思想，菩薩悲智精神。培

5　釋曉雲，《三山行跡・我與蓮華園地之緣緣》，頁159。
6　釋曉雲等，《風送蓮香・蓮華學佛園創辦緣起》，頁9。

養出家人風範，教觀並重，解行兼修，重視環境教育，自然
景色，藝術薰陶，期能落實佛教青年生活本質，莊嚴清貴，
化度群生。」[7]

　　該園的園訓即：「般若思想、悲智精神」[8]，法師期望該
園學生透過禪定攝養行深般若、淨化思惟，更能「以慈修
身，善入佛慧」[9]；故不只勤修禪定，更要修習「禪定後」
的「入佛知見道故」。[10]勤修禪定是為自覺，而修「禪定
後」的行願則是為覺他；自覺覺他、覺行圓滿的大導師佛
陀，為佛化教育的理想指標。[11]

三　辦學特色

（一）學園命名

　　法師沿襲倓虛大師先前在青島創辦學佛院之遺風，以
「學佛園」命名[12]，強調該園地為學佛之園地，而非只為研

7　釋修慈等，《蓮華學佛園三十周年誌慶·附錄：創辦宗旨》，臺北：原泉
　　出版社，2000年，頁291。
8　釋曉雲等，《花開蓮現·園徽、園訓》，頁1。
9　典出〔姚秦〕鳩摩羅什譯，《法華經·序品》，《大正藏》第九冊，頁2a。
10　同上註，頁7a。
11　釋曉雲等，《風送蓮香·論現代佛教教育之趣向》，頁13。
12　法師：「台灣有不少佛學院，但學佛園與華梵佛研所（民國六十九年設
　　立）是教育部第一所核准登記的，在內政部登記的蓮華『學佛園』，也
　　是第一所與其他佛學院名字不同的。這大概不是刻意的創作，而是出於
　　本懷，因為『學佛園』才符合佛教的叢林──道芽生長；華梵佛學研究
　　所也是儒佛相融的本懷，此是中國文化（華）與印度文化（梵）的研究
　　所。」詳見法師著《三山行跡·大崙心語》，頁377-378。

究佛學者；標舉「學佛當以學行兼顧為施教方針，期培育佛
教弘法人才，淨化思想，菩薩精神，發揚華梵文化，自度度
人為宗旨」。[13]綜觀臺灣自光復以來，由佛教界自行創辦的
培育佛教人才的教育機構，皆以佛學院所為名，唯獨此園以
「學佛園」為名[14]，凸顯其以實踐佛法為修學之本義。

（二）課程安排

　　課程安排遵循內外學行兼修、教觀二門並重之施教方針。

　　學門教材以佛學為主，次要者為世學、語文。以九十四
學年度為例，佛學方面計開下列課程：《小止觀》、《大乘止
觀》、《解深密經》[15]、《彌陀經要解》[16]、《淨心誡觀》[17]、
《八識規矩頌》[18]、《大唐西域記》[19]、《勸發菩提心文》[20]、
《印度佛教史》等課；世學方面則有：四書、國文、英文、
日文。另有佛教音樂、佛教書畫篆刻、人物繪畫、插花、古
箏等藝術課程之安排。

---

13 釋曉雲，《三山行跡‧蓮華學佛園緣起》，頁156。

14 參見釋常慧著《聖嚴法師佛教教育理念與實踐‧附表（二）台灣光復以
　　後佛學院所簡表》，臺北：法鼓文化公司，2004年，頁235-238。

15 〔唐〕玄奘譯，《大正藏》第十六冊，頁688b-711b。

16 〔明〕智旭解，《大正藏》第三十七冊，頁363c-375a。

17 〔唐〕道宣，《大正藏》第四十五冊，頁819a-833b。

18 〔唐〕玄奘撰，凡四章十二頌四十八句。無單行本，注釋本甚多。該學
　　園採〔明〕智旭之《八識規矩直解》本，典出《卍新纂續藏經》第五十
　　五冊，頁435c-438b。另參見佛光大辭典編修委員會編，《佛光大辭典》
　　第一冊，高雄：佛光出版社，頁317上。

19 〔唐〕玄奘，《大正藏》第五十一冊，頁867b-947b。

20 〔清〕省庵（1686-1743）撰，參見省庵大師著、諦閑法師述，《勸發菩
　　提心文講義》，臺中：臺中蓮社印行，1982年。

　　行門方面，則有早晚課誦、禮大悲懺，每月兩次誦戒；而般若禪苑（禪堂）中的禪行攝養，則為住眾早晚不可或缺的功課。[21]此外，每週有一小時多的「般若禪」共修時段，每週有一日止語攝養，以反觀自省；每學期皆有「慈悲三昧水懺」等法事之舉行；每年固定於農曆十二月十五日起，舉辦為期一週的冬季禪七[22]，以為內明慧力之滋養。

（三）施教方式

　　施教方式則是「配合時代之推進，等觀次第而施化法，因材適應、體諒眾機而運化儀」[23]，遵循契理、契機之原則[24]，而以「學以致用」為教育目標，不論園務及文化事業，學生均參與工作，以培養學生學習菩薩慈悲情懷與辦事能力[25]，期望動靜調柔、身心安和，修行與服務體用互為增益。[26]

21　釋曉雲，《三山行跡・蓮華學佛園緣起》，頁157。

22　法師：「我們學園平時指導學生靜坐的課程就是「小止觀」。《小止觀》上教我們數息、隨息、安般，這是基本的工夫，也是定的工夫。」詳見法師撰《覺之教育講話・散學禮開示（一）》，臺北：原泉出版社，1998年，頁51。

23　同註21。

24　蓮華學佛園之學制分為：一、預科班：限國中畢業，未曾就讀佛學院者報考。二、正科班：限國中畢業，曾就讀佛學院；或高中畢業，有志學佛者報考。三、專科班：限本園正科班畢業，或其他高級佛學院畢業，有志於更深研究者報考。詳見蓮華學佛園編印《蓮華學佛園簡介》，臺北：原泉出版社，頁8。

25　釋修慈等，《蓮華學佛園三十周年誌慶・附錄：創辦宗旨》，頁294。

26　釋曉雲，《佛學散論・出家乃丈夫之志》三版，臺北：原泉出版社，1998年，頁92。

以文化事業為例，該園師生在法師領導下，推展佛教教育，以文化、藝術為弘法管道。自民國六十三年（1974）起，法師為加強紀念佛誕之意義，在臺灣首創「清涼藝展」，以該園師生書畫、藝術創作來慶祝佛誕，同時於夜間假般若禪苑舉行追思晚會（佛誕追思會源起於民國六十一年[27]）[28]，至民國一〇七年（2018）已四十四屆。

民國六十二年（1973），原泉出版社在臺登記復刊，出版珍本佛書及現代佛教教育、文化藝術之論著，學園同學亦參與協助編輯工作；為節省經費，除印刷外，從撰稿、打字、校對、排版等工作，皆由同學包辦。[29]

民國六十七年（1978），法師座下的雲門弟子，為護持法師佛教文化教育志業之推展，成立「慧海佛教文化基金會」，於每年初春舉辦「慧海佛教園遊會」，該園師生率皆全力參與。[30]自民國七十年（1981）起舉辦的國際佛教教育研討會，至華梵工學院開辦之前，籌備工作率皆由該園師生一肩承擔。

（四）師資來源

師資來源可概分為三方面：一為法師與她的雲門弟子，二為外聘的法師、教授，三為歷屆畢業同學留園服務，

27　釋曉雲，《開示錄・浴佛節追思晚會》，頁264。

28　釋曉雲編著，《現代經變圖・經變圖之研究與清涼藝展》，臺北：原泉出版社，1998年，頁16。

29　釋仁惟，《蓮華學佛園三十周年誌慶・蓮園三十周年》，頁60。

30　釋修慈等，《蓮華學佛園三十周年誌慶・附錄：創辦宗旨》，頁295。

擔任教職。彼等皆是受法師精神感召，道義相挺地義務任教，師生之間也因此無私之奉獻而更和諧合作。[31]

（五）注重景觀境教與藝術陶冶

蓮華學佛園從陽明山遷移到大崙山，皆藏身在天為錦帳、樹為屏的青山綠樹中，園內園外花木扶疏，令人賞心悅目；建築造型、室內擺設樸素清雅，令人塵勞頓息，身心舒暢不已！復又藉助以佛教藝術為主之繪畫、書法、音樂等課程，以及插花、園藝等科目[32]，陶冶學生真、善、美、聖之情懷。法師十分認同高劍父先生「藝術有宗教，得不過於浪漫；宗教有藝術，始不至於枯躁」[33]的觀點，並將之運用於該園的教育施設上。

此外，每年孔子誕辰時，學園舉辦紀念至聖先師的儀式；每年元旦，師生虔誦《仁王護國般若波羅蜜多經》[34]為國祈福，皆表現出法師一貫崇儒奉佛與愛國護教的精神。而每歲春節，該園沿襲法師遊學印度阿羅頻多哲學院逢年分送「法語」給學生的節目[35]（在紅色紙片上寫下佛經偈語，

---

31 釋曉雲，《佛教教育散論·生活教育為人之基本》，頁7。

32 許國宏，《蓮華學佛園三十周年誌慶·悲心無盡願無窮——蓮園三十年慶感言》，頁23。

33 釋曉雲，《東西南行散記·東西南行後續言二》，頁239。

34 〔唐〕不空譯，《大正藏》第八冊，頁834c-844c。

35 法師：「我在印度阿羅頻多哲學院（Aurobindo Ashram），那裏就有逢年送字給學生的風氣。回到香港，我就這麼做；來到臺灣，逢過年時，我也贈給大家法語。祝福大家，歲與時增長，智慧也與時增長。」參見劉昌煒撰《華岡緣影錄·記圍爐與辭歲》，頁305。

以為新的一年個人進德修業的指標），更是結合真善美聖情懷，極富教育意義的活動。

第二節　華梵佛學研究所

一　創辦緣起

　　法師有感於現世社會道喪民敝，社會失相生之道，人類有自毀之虞，儒家正心誠意之學與佛法般若淨化、悲智雙運之行，可收撥亂反正、從心起教之化導功能[36]，是以為培養現代佛教研究人才與理想佛教師資，而有該所之創立。

　　民國六十五年（1976），法師已訂定研究計畫，供有志從事佛學研究之青年從事深造。民國六十八年（1979）秋季，正式開課講授。民國六十九年（1980），經教育部核准立案，為國內第一所宗教學術研究機構；該年經嚴格考試錄取研究生及先修生共二十一名，分別來自就讀蓮華學佛園十年以上畢業生，及國內臺大、師大、成大、高師大、輔大、淡江、中醫、文化等八所大學院校不同科系畢業，蓄志潛研佛法之青年。[37]

---

36 李亞白等，《華梵佛學研究所二十周年紀念專輯‧華梵佛學研究所學風》，臺北：原泉出版社，2000年，頁1。

37 釋曉雲等，《華梵佛學研究所二十周年紀念專輯‧發展經過》，頁3-4。

二　創辦宗旨

法師揭櫫該所創辦宗旨：為發揚華梵文化、儒佛思想，採教觀並重、禪戒合一之施教方針，期能培育以「覺之教育」自律，從而自度度人的優秀弘法人才與佛教師資人才。[38] 法師自述創所之宗旨如下：

> 於茲末世，為祈求中華文化文化復興，佛教思想重振，唯有一面潛修內學，禪定攝養，一面從事佛教學術研究，推展文化藝術融攝佛教思想，介紹佛教與人生之增益利樂，善導人生，正知正見，影響社會安寧，人群福祉。復興隋唐佛教之光輝史頁，使社會人士重新認識現代佛教之精神，悲智雙運之重光，為本所創辦緣起之宗旨。[39]

三　辦學之特色

（一）施教方針

佛法修持與佛學研究之心靈與知識並重[40]，不但重視學理的研索，更重視禪戒攝養之訓練，以期重振隋唐佛教精

---

38 釋曉雲，《覺之教育講話・華梵佛學研究所成立三周年紀念致辭》，頁49。
39 同上註。
40 釋曉雲等，《華梵佛學研究所二十周年紀念專輯・發展經過》，頁3。

神，發揮復興中華文化之助力。[41]民國七十五年（1986）青年節，假陽明山永明寺般若禪苑舉辦的慈悲三昧水懺中，法師曾開示：「在這個時代，我們園地創辦一所蓮華學佛園，一所華梵佛學研究所，我們是依託佛陀、諸大菩薩及歷代祖師，所留下來的偉大精神與智光，所以不僅是研究、寫文章，更重要的是要修行佛法，禮懺、誦經等實踐的工夫。」[42]很明顯地指出：該所宗教行持與學術研究互為體用的特色。

（二）建教合作

多數研究生亦擔任蓮華學佛園老師及職掌教務工作，實行教學相長，知識與經驗結合之實踐。[43]而配合所長（法師）推廣現代佛教教育之志業，自民國七十年（1981）十二月主辦「第一屆佛教教育研討會」；民國七十二年（1983）九月，擴大為「第三屆國際佛教教育研討會」[44]，至民國八十三年（1994）第九屆，該所皆為主辦單位。直到民國八十五年（1996）第十屆，才改為與華梵人文科技學院（華梵大學前身）合辦。

此外，法師於民國六十八年（1979）成立天臺學會，該所師生亦協助舉辦天臺學會研討會。法師並大力鼓勵研究生於上述兩研討會發表論文。

---

41 釋曉雲，《覺之教育講話・華梵釋義與中國佛教文化之發展》，頁135。
42 釋曉雲，《開示錄・禮懺開示》，頁106。
43 釋曉雲等，《華梵佛學研究所二十週年紀念專輯・發展經過》，頁4。
44 同註41，頁134-135。

（三）師資來源

多為任教臺灣佛學院的教師及社會大學之教授，並以佛學研究為己任者，例如：白聖長老、戒德老法師、明復法師；張廷榮教授、蘇瑩輝教授、董夢梅教授等。此外，另禮聘中、外佛學學者多位，擔任研究員，從事研究工作並撰寫研究論文，例如：德國哥丁根大學貝卻教授（Prof. Heinz Bechert）、美國紐約世界宗教研究所所長伽爾德博士（Dr. Richard A. Gard）、陳元音教授、劉貴傑教授與熊琬教授等。[45]

第三節　華梵大學

一　創辦緣起與經過

法師基於「佛陀遺教乃現世人文思想科技整合的寶藏資源」與「人文領域內最具前驅性與文教影響潛力」之前提[46]，期望透過重視人文思想、宗教倫理道德教化的「覺之教育」，培養德學相彰的高等教育青年，以「淑世造人才，為國培良棟」。[47]因為今日的青年是明日社會活動的主要人物，高等教育的施教與培養，無異為來日社會之安危與成敗之關鍵。是

---

45 釋曉雲等，《華梵佛學研究所二十周年紀念專輯・發展經過》，頁4-5。
46 釋曉雲，《覺之教育・覺之教育理想研究之三大原則》，頁245。
47 華梵大學校歌歌詞。參見法師作詞、黃友棣、李中和作曲，《華梵歌曲集》（一），臺北：華梵工學院，1990年，頁5。

以華梵大學的創辦（1990），具有「匡扶濟世之潛因與潛力。」[48]

民國七十六年（1987）三月，法師於雲門學友聯誼會開示，言及她創辦華梵工學院之計畫，早在民國五十三年（1964）就寫好了，其構想即是「二部並進」的學制（一方面辦學佛園，另一方面辦社會學校，二者相互交流增益）。[49]

華梵工學院於民國七十五（1986）年十一月，獲教育部核准提出建校計畫，民國七十六年（1987）七月十八日，獲准籌備建校。為了興辦這個學校，法師日夜不停地辛勞，不管是為聘教授、為建築工程、為課程設計，都花了很大精神[50]，更改變了她一向低調、極少直接與在家信徒或社會人士接觸的行事風格。她對這番改變有如下的說明：

> 「為佛教、為眾生；不歡喜也得歡喜，不愛也要去做。」這便是佛法。佛說：「難行能行，難為能為。」我散光重、怕光，為了有情眾生，有時也不得不戴上墨鏡而接受外來記者、編輯的訪問；也會到中南部為護持委員們講經。我雖無寺廟，但高雄圓照寺、台南正覺寺、台中靈山寺、羅東菩提寺，亦加入護持。[51]

---

48 釋曉雲，《覺之教育・佛教社會高等教育之意義與目標》，頁250。

49 釋曉雲，《開示錄・三德：智德、斷德、恩德》，頁158。

50 釋曉雲，《開示錄・蓮苑華果溢清芬》，頁230。

51 釋曉雲，《開示錄・華梵第五屆校慶為護持委員開示》，頁270。

　　凡事起頭難！華梵工學院在民國七十七年（1988）七月三十一日，舉行動土典禮，當時國內有十二家報紙擴大報導。法師也天真地以為很快就可以興建校舍！

　　沒想到因校園位在山坡地，受民國七十六年八月汐止林肯大郡坍塌事件影響，政府相關主管機關在審核每一道關卡時，都特別慎重（華梵工學院的公文，需經九個主管機關審查）。所幸皇天不負苦心人，法師與籌備人員在忍耐了二十三個月之後[52]，經過許多繁瑣的手續，默默地忍受許多辛勞，終於突破重重困難，可以動工興建校舍，更獲信譽良好的福住建設股份有限公司負責承建工程。該公司簡德耀董事長隨喜教育功德，慷慨承諾：「開工以後，工人的工資、建築材料費用全部公開，稅金由華梵負擔，福住不抽取任何酬庸。」此話一出，令在場的華梵護持委員聯誼會副主席許杉勇居士[53]感佩不已，當下就向簡董事長頂禮。[54]

　　早期龐大的建校經費，率皆由蓮華學佛園歷屆畢業學生為報答師恩發心護持法師教育志業，或舉辦大型法會、或藉由舉辦佛學講座向信徒宣揚法師辦學理念。自從民國七十六

---

52 從民國七十六年（1987）七月獲准籌備建校算起。

53 臺灣臺南人民國七十八年（1989）十二月二十四日，於睡夢中安詳捨報往生，享年五十六歲。許居士夫婦皆皈依廣欽老和尚，民國七十七年（1988），他曾於夢中聽聞廣欽老和尚要他：「去護持曉雲法師辦學！」參見翁瑟華撰《許杉勇大居士紀念專刊‧快去快回完成未竟志業》，臺北：華梵護持委員編印，1989年，頁10。另參考華梵工學院護持委員等錄製《許杉勇大居士紀念專輯》錄音帶。臺北：華梵工學院護持委員會、台北同修會製作，1990年。

54 釋曉雲，《開示錄‧真心吹不倒百事可圓成》，頁239。

年（1987）十月，蓮華學佛園歷屆畢業同學在《中央日報》刊登為華梵建校啟建「梁皇寶懺大法會」訊息，公開向社會大眾募款後[55]，許多有緣人因欽仰法師興學育才心願，紛紛加入護持華梵行列。為凝聚這股護持力量，自民國七十六年底（1987），護持委員每月舉辦聯誼會共聚一堂，交換勸募心得、相互鼓勵，並透過舉辦大型朝山活動、書畫義展、園遊會與義賣金質蓮花教育功德紀念章等種種方式為華梵募款。[56]

華梵建校後，隨著學校規模的擴展，護持委員不特無法卸下肩頭重擔，還進一步於民國八十七年（1998）成立華梵文教基金會，除持續募款的任務外，還從事種種弘揚「覺之教育」的文教活動。[57]而從創校前即發行的《華梵月刊》[58]中，更可以看到許多賺人熱淚的護持華梵義舉。

以上述許杉勇居士為例：他與妻子翁瑟華女士自民國七十六年（1987）冬，開始加入護持華梵之列，與多位居士為華梵創校發心義務策劃募款事宜。在未結識法師之前，他曾經為慈濟興蓋醫院奮而落髮，誓言：「慈濟醫院不成立，絕不留髮！」[59]；民國七十七年（1988）春節，他與多位護持委員遠赴高雄六龜妙通寺，胸前貼上寫著「請大家支持佛教華

---

55 釋曉雲等撰，《華梵月刊建校特輯》，臺北：華梵雜誌社，1989年5月，頁94。

56 同上註，頁118-123。

57 有關該基金會宗旨、活動行事曆等訊息，參見該基金會網站。

58 自1988年6月創刊。

59 參見翁瑟華撰《許杉勇大居士紀念專刊‧快去快回完成未竟志業》，頁9。

梵工學院」的白布塊，長跪山門懇請十方信眾護持華梵辦學[60]，為善之誠感動了許多人隨喜發心！

　　另有位護持委員在收善款途中發生車禍，不但無怨無悔，還慷慨捐出對方給的賠償金。華梵大學前校長馬遜：「不論他們的社會地位是董事長還是總經理，他們卻寧願放棄週末休假來當義工；用盡心神策劃思量，如何增加募捐；他們三步一拜祈求學校的美好未來。……只要華梵有活動，不管是法會、聯誼會、文藝活動、清涼藝展，歡歡喜喜來捧場的，總是我們的護持委員。」[61]

　　而華梵購買校地的第一筆款項，即是由法師於民國七十一年（1982）至東南亞義賣畫作所得而支付的，直可媲美世尊時代，給孤獨長者以黃金鋪地請購祇陀太子花園為道場，以供養世尊之慈悲喜捨行。

　　民國七十六年（1987）十月十三日，法師向參加皈依的信眾開示說：

> 佛教的事業，是佛的事不是個人的事。華梵工學院，是佛教辦的大學，不要當做是我在辦學。你們皈依，是皈依十方僧的，不要說我皈依曉雲法師，因為我祇是代表皈依而已。我勉勵皈依的弟子要恭敬三寶，

---

60 參見林仁悅撰《許杉勇大居士紀念專刊・我永遠忘不了的許居士》，頁38。相關照片，參見釋曉雲等撰，《華梵月刊建校特輯》，頁118。

61 馬遜，《緣繫大崙・高等教育的省思》，臺北：華梵大學，2005年，頁183。馬校長任期：八十四學年至九十四學年。二○○六年依止夢參老和尚（1915-2017）出家，同年受具足戒，法名隆迅。

這樣佛教才能發展，若將佛教事業，當做人間的事業是不可以的，因佛法不講名利，人也不能祇求名利。請大家多發菩提心，不怕辛苦就會愈做愈有精神，所以不要怕辛苦，祇要大家發歡喜心，華梵工學院必定能如期開辦起來。[62]

華梵工學院能順利於民國七十九年（1990）招生，就是因為背後有一群認同法師「覺之教育」理想，受法師以教育救世的悲願所感動，不怕辛勞、歡喜付出時間、金錢、體力與精神的善信智士所共同成就的！

二　辦學宗旨

「人文與科技融匯，慈悲與智慧相生」為華梵大學的辦學宗旨。法師認為這是「二十世紀末葉，乃至無量世紀末葉，都為人類安寧之康莊大道，亦為人燃亮了心燈。」[63]以「華梵」為校名，即標舉該校以五千年中華文化與兩千年中國佛教之人文教化思想為風規，以期培養崇善去惡、德學相彰，體用兼備、悲智雙運的現代君子與菩薩。

而從法師作詞的華梵大學校歌中，除了可以看到她對華梵師生的殷切期許外，更可看出她對中華文化的熱愛之情與弘揚之志，或可視為法師創辦此大學的終極目標：

---

62 釋曉雲，《開示錄・梁皇法會開示》（四），頁182。
63 釋曉雲，《覺之教育講話・華梵》，頁16。

華夏文風被萬世，梵宇巍峨雲端聳。慈雲法雨悉沾
灑，良師益友，建起華梵好學風。東土慧日照，儒佛
聯心，崇善去惡，共濟和衷。淑世造人才，為國培良
棟；人文科技詮體用，德學相彰樂融融。千秋萬歲仰
聖流，全球各國，寶島朝宗，全球各國，寶島朝宗。[64]

三　辦學特色

（一）重視景觀境教的陶冶

　　校園位於海拔五百五十公尺高的大崙山[65]，內設「威
德」、「禪智」、「友道」、「院道」、「書香」等五大境教區域，
分別包含下列十景：阿育王柱、心鏡湖、牧牛地、百丈寮、
藏六池、三友路、法雨人華、大崙攬勝、飲水思源、大學之
道。另有文物館、校覺室與禪堂（倓虛大師紀念堂）等全國
大學院校獨一無二之設置。期藉助大自然與藝術之薰陶並靜
坐澄心之培養，孕育學生心靈養分，冀「園中無枯木，校內
無廢人」！[66]

　　法師並以其慧心巧思為每棟館舍命名，以收名實相符、
物我相成之效。各館舍之名如下：「五明樓」[67]——行政大

---

64 釋曉雲，《覺之教育講話・華梵學風》，頁153。

65 位於遠離塵囂之新臺北市石碇區，為法師「經二十餘年之探尋，二十七
　處地段的踏勘」選中之山林。參見法師撰《覺之教育講話・環境教育與
　華梵興學理念》，頁157。

66 釋曉雲，《覺之教育講話・第四屆院慶祝辭》，頁95。

67 古印度的五種學術：一、聲明：明語言文字，屬語文學。二、工巧明：

樓、「薈萃樓」[68]──文學院、「之安館」[69]──藝術設計學院、「而時館」[70]──機電系實習工廠、「世學館」與「世用館」[71]──工學院、「霓虹館」[72]──電子系等、「統理館」[73]──工業管理系（九十二學年度易名為「工業工程與經營資訊學系」）等、「于藝館」[74]──學生活動中心、「民先館」[75]──葷食餐廳、「香積廚」[76]──素食餐廳、「明鏡樓」

明一切工藝、技術、算曆，屬工藝學。三、醫方明：明醫術、醫藥，屬醫藥學。四、因明：明辨別邪正、銓考真偽，屬論理學。五、內明：明自家之宗旨者，屬宗教學。參見于凌波，《簡明佛學概論》，臺北：東大圖書公司，1999年，頁16-17。法師寄望行政主管及同仁們皆具備五明之學，如此才能作出明智的決策、提供優質的服務品質，嘉惠全體師生。

68 取「人文薈萃」之意。

69 典出《孟子・離婁四下》第十四章：「君子深造之以道，欲其自得之也。自得之，則居之安；居之安，則資之深；資之深，則取之左右逢其原。故君子欲其自得之也。」參見趙歧注、孫奭疏《十三經注疏・孟子注疏》，卷八上，頁144上、下。因該館舍最初為建築等系之系址，建築屋舍為人所居，故法師取「居之安」之意命名。

70 法師取《論語・學而一》第一章：「學而時習之，不亦說乎？」之意命名，蓋技術之習得，必須勤於實習，才能由生到熟，由熟到巧。原典參見何晏注、邢昺疏《十三經注疏・論語注疏》，卷一，頁5上。

71 取「經世濟民、學以致用」之意。

72 因係電子系系址所在，電子交互作用，產生千變萬化、五光十色的光彩，故名霓虹館。

73 典出佛門「三皈依偈」：「自皈依僧，當願眾生，統理大眾，一切無礙。」參見釋玉琳等撰《佛門必備課誦本》，臺北：佛陀教育基金會出版，2001，頁31-32。

74 典出《論語・述而七》第六章「游於藝」，參見何晏注、邢昺疏《十三經注疏・論語注疏》，卷七，頁60下。

75 取「民以食為先」之意。

76 即寺院之廚房。《維摩詰所說經・香積佛國品十》：「於是香積如來以眾香鉢盛滿香飯，與化菩薩。」《大正藏》第十四冊，552b。

與「明月樓」——學生宿舍。

（二）人師經師善導群倫

「工欲善其事，必先利其器」，教師因此被稱為是「校器」，為學校辦學理想能否實現的關鍵人物。尤其華梵大學的理念，是要傳授「覺之教育」，覺悟人生之意義是相生共存，引導年輕人培養智慧、慈悲心腸，從因果的層面，養成觀察事相的深度、遠度和識度，是以不能止於知識方面的教授傳達，而應有智慧明達，具足傳道解惑能力之人師的指引。[77]

華梵大學慎選師資，除考核老師之專業學養外，更看重是否認同創校理念，有無「教人」之教育熱忱。至於應聘老師個人的信仰則受到絕對的尊重，法師曾講過：「只要不反對佛教即可！」因此校內老師有的是基督徒，有的是天主教徒或回教徒等，亦可看出學校開放而友善的宗教態度。

（三）依仁遊藝之通識教育

通識教育乃人文與科技之溝通管道，人文為體、科技為用。[78]法師極為重視通識教育中有關人文的課程；她認為，除了課堂的傳授與相關圖書的購置外，宜發揮動態的通識活動，例如：舉辦演講比賽、戲劇演出等。她期望：「我們的教

---

77 釋曉雲，《覺之教育·佛教對現世教育之關懷》，頁322。
78 釋曉雲，《覺之教育講話·我們的華梵園地共同為人文科技而澆沃》，頁263。

學、課程或課外活動方面，對心理環境的精神教育，均著眼於如何令學生好德樂善，也樂於聽受。」[79]九十四學年，華梵大學通識課程，計分：校核心通識、人文學、社會科學與自然科學等四大領域，學生必修二十學分，其中十學分必需修讀校核心通識課程中之「中華文化」（4學分）、「覺智與人生」（2學分）、「專業倫理」（2學分）與「傳統藝術」（2學分）等科目。華梵大學通識教育所標舉的目標是：開闊學生的視野與養成崇高人格[80]，期望透過內外世界的探索與瞭解、身心靈五育並進的教學活動，於當代實現傳統「志於道，據於德，依於仁，游於藝」[81]的全人教育理想。

　　近年來，因應國內外高等教育注重國際化、在地深耕、學用合一與跨域整合的趨勢，華梵大學通識課程亦與時俱進，隨機作必要之調整。[82]

79 釋曉雲，《覺之教育講話‧應重視科學時代的人文教育》，頁253。

80 蔡傳暉等，《華梵大學通識課程選課指引‧華梵通識教育：視野與人格的養成》，臺北：華梵大學人文教育研究中心，2005年，頁2-3。

81 參見何晏注、邢昺疏《十三經注疏‧論語注疏》，卷七，頁60下。

82 參見華梵大學通識課程介紹：
http://hec.hfu.edu.tw/page10/pages.php?ID=page1001

第六章
結論

「無願不足以堅行！」法師教育志業的成就，來自其以教育救世的大悲情懷。

從本論文第二章「曉雲法師與教育結緣的一生」與第三章「曉雲法師教育情懷的開展與映現」，可以探知：緣於從小好學、崇仰師道，法師自幼對教育即抱神聖之情懷；後因夙習所驅，興發窮究宇宙人生哲理之渴望而棲心於佛陀淨心內明、悲智雙運之教化。復由於悲心懇切，發願以佛陀覺性教育為慈航，濟度人海浮沈中之迷途有情，從而義無反顧地以願堅行，在學理與實務交參驗證的過程中，逐步實現其教育理想、成就教育志業。

大悲心消融了人我的障隔，讓她無法安於原先遺世獨立、羽化登仙的自了漢心態，轉心嚮往《法華經》所載「開、示、悟、入佛知見」的一佛乘行法；而在踐履「難行能行，難忍能忍」的菩薩道中，晚年雖不無「強言為教育，吃力不討好！」的反思自責，但總能以般若智照歸心於「無智亦無得」的究竟理諦，昇華其修行的證量！

法師一如佛教史上許多踐行大乘佛法而有具體事功的高僧大德；彼等皆因不忍聖教衰與不忍眾生苦的大悲心，而興發度生的大悲願；復能以願堅行，成就利生的種種法務。從教育學的觀點來看，大悲心即是教育愛的流露，有教育愛的

教師，才能自願承擔「良師興國」的使命（相當於佛門中人的發心立願）：一方面勤於自我教育，不斷提昇一己教育專業智識與德能（相當於佛門中人的「上求佛法」）；一方面，以平等無私的愛心，循循善誘、善導群倫（相當於佛門中人的「下化眾生」），成就參贊天地之化育[1]的神聖志業，不僅成為受人尊敬的現代人師與教育家——當代已故教育家劉真先生（1913～2012）認為教育家必須具備下列四種精神：慈母般的愛心、園丁般的耐性、教士般的熱誠與聖哲般的懷抱。[2]——更因此成全其存在的最高價值與意義（即佛門中人修行的終極目標：成佛）。而這正是以人文精神為中心之中國傳統學術文化所欲達成的理想：

> 由學問來完成一個人，再由此人來貢獻於社會。所貢獻的主要事業對象則為政治與教育。此等理想人格之最高境界，便是中國自古相傳所謂的聖人（以大政治家周公與大教育家孔子為代表）。[3]

法師即身示教，為當代社會樹立了中國傳統教育「成德之學」的典範。其尊師重道、勤學善教與踐行以教育救世之願行，不僅為後學者勾勒出一幅鮮明的人師風貌，更有助於

1　典出《中庸》第二十二章。參見註251，卷五十三，頁895上。
2　參見司琦編《劉真先生文集・教書匠與教育家》，臺北：臺灣商務印書館，1990年，頁310-314。
3　錢穆，《中國學術通義・一、四部概論》，臺北：臺灣學生書局，1993年，頁6。

提振日趨式微的師道。法師奉行傳統師道，不止教書，而且教人；她是以其言行思想、精神人格的表現，示範教人的人格及其風範舉止，是以心感心，而不只是照本宣科的舌耕生活而已！[4]

民國八十六年（1997），法師接受行政院頒發國家文化獎時，即懇切籲請政府：「重視人師的養成，以為力挽社會狂瀾的中流砥柱！」[5]在她的心目中，理想的人師除了專業的知能外，更重要的是要有愛心（慈悲心）與生命智慧，能善導學生依仁遊藝、克盡本分。

復次，就法師以教育為舟筏，拯濟群迷之發心立願而論，所謂「發菩提心、立弘誓願」，固為佛教大乘行者實踐成佛之道的首務，然如從現代心理學的角度來探討：

> 發菩提心，就是立志追求自他生命全體圓成的一種不斷「自我超越」之心。……這種人人內心深處本具、追求「自我超越」、「自他合一」、「圓成佛性」的心理需求，在近代心理學、哲學、宗教學等學術領域裡面，已經受到了相當程度的重視。[6]

可見「發菩提心、立弘誓願」不只是佛門中人，由凡夫

---

4 釋曉雲，《佛學散論・人教人與佛教人》再版，臺北：原泉出版社，1992年，頁112。

5 拾慧，《清涼法語──上曉下雲導師開示錄・人師為寶》（二），頁30。

6 釋如石，《現代大乘起信論・大乘起源與開展之心理動力》，南投：南林出版社，2001年，頁19-20。

之人乘轉趨菩薩乘的第一步實踐功夫，更呼應了瑞士心理學大師卡爾‧榮格（Carl Jung，1875～1961）所指稱之人類「集體潛意識」[7]中，最高層次的心理需求——自我超越[8]，是值得從事情感教育、生命教育等領域之研究者參研的議題，對於現行偏重教育知識理論之灌輸，欠缺教育情懷之涵養的師資培育課程內容，當可收從心培養的務本之效！

而法師對佛教教育的貢獻，一則奠定了她「當代比丘尼教育家」[9]的地位，一則提供了佛化教育關懷世道人心、參與社會教育的管道，其潛在的影響是不可限量的！觀諸目前社會亂象，實導源於人心失調，法師「從心起教」的「覺之教育」理念誠為當代教育亟需加以融攝應用，以力挽人海之狂瀾！

國內教育學者陳迺臣先生指出，現前許多教育問題的發生，源於未能看清其根本問題之所在，無法把握關鍵、正本清源所致。他說：

　　教育的枝蔓是果，開花結果是果，成效好與不好是

7　榮格認為：人類的集體潛意識（Collective Subsconsciousness）是由本能和原型共同組成的。在它深處，沒有自他、人種、文化、時空的差異，沒有分裂；它是非二元的原始統一領域。其中，每一個體都與他人聯繫在一起。而在「原型」裡面，含藏著人類對於追求淨化、和諧、再生和完美等理想目標的渴望。參見上註，頁20-21。

8　人本心理學大師馬斯洛（Maslow, 1908~1970）於一九六九年修正心理需求層次理論。參見李安德著、若水譯，《超個人心理學》，臺北：桂冠圖書公司，1992年，頁172-173。

9　釋恆清，《菩提道上的善女人》，頁177-179。

果，產生的影響如何等等都是果。一切教育上的作為，無論是所謂的軟體或硬體，無論是政策的訂定、執行，相關工作的配合，乃至於教學、輔導及行政的實施等等，都是果。而這些果也幾乎在同時或稍後的時刻，會轉變成為其他事件之因。而所以會有這些果的產生，必有其因。因因果果，果果因因，相因相陳，無有盡期。教育哲學當然要重視果，了解果，但是教育哲學更要去發現，找出這果的因是什麼。如此才能根本解決教育問題。無論是教育的病因，或是人生的病因，追溯根源，都是直接或間接，緣於我們的心靈——那奧妙難解而又常被誤解的存有本元。[10]

「教育以改善人類為目標，而要改善人類，必須從他的心改善起，才是根本之道。」[11]是以若想解決教育的問題、人生的問題，最關鍵處在於善導其心。法師所倡導的「覺之教育」，以淨心與安身為本、以慈悲與仁德為體、以智慧與知識為用，為一崇本務實、體用兼備的全人教化，正是有助導正目前捨本逐末、有用無體之「離心教育」的偏差。而其重視禪行攝養「從心起教」與善用大自然景觀境教，務使內、外世界淨化、美化，以期反璞歸真、啟迪性靈的施教方針，正是動靜失調、內外失序的現代人所迫切需要的安心之道。

事實上，禪修對身心靈的正面幫助早已證諸於中西哲 人

---

10 陳迺臣，《教育哲學導論——人文、民主與教育·序》，臺北：心理出版社，1997年，頁6。

11 同上註，頁74。

的實踐或科學的研究[12]，全球暢銷書《EQ》（Emotion
Quotient）作者丹尼爾·高曼（Daniel Goleman）推崇打坐可
平靜心靈、安定情緒，有助提高情緒智商（EQ），從而影響
身心的健康。[13]而資深禪修者所表現出來的高度樂觀、鎮
定、隨和與同理心，近年來更掀起西方一流心理學家投身
「正向心理學」運動——從科學的角度研究幸福與人性的正
向特質。[14]

　　陽明大學神經科學研究所洪蘭教授十分認同達賴喇嘛所
說：「清澈的心靈是學習的必要條件。」強調「心淨才能專
心，專心才能學習。」[15]可見法師期望學生透過禪修淨心安
身的構想，誠為睿智之舉！而中西教育家與宗教家也深諳
「外師造化，中得心源。」[16]的創造秘訣，將書院或學園、
寺院或修道院設在山林田園，現今國內外亦有體制外之森林
學校的設立，皆可與法師「師法自然、淨化人心」的教育方
針相呼應。

　　「宗教界辦學校，不僅可以為信徒子女服務，而以宗教
神聖氣氛所建立起來的校風，更可為教育界注入一股清

---

12 參見陳秀慧撰〈禪行攝養與自我管理〉，《華梵學報》，第三卷，第一期，
　　1995年，頁39。
13 參見《中國時報·EQ之神台北現本尊》，1998年3月23日。作者不詳。
14 參見丹尼爾·高曼（Daniel Goleman）著、張美惠譯，《破壞性情緒管
　　理》，臺北：時報文化出版公司，2003年，頁119。
15 洪蘭，〈推薦序·人類知識的精華〉。參見上註，頁16。
16 程兆熊等，《園林思想·從「園林文學」談起》，臺北：原泉出版社，
　　1996年，頁92。

流。」[17]一般而言，由宗教界人士所創立的社會學校，其辦學的動機通常較世俗中人超然且富理想性；而其教育內涵對照一般學校，則是除了知識層面的學習外，特別重視學生的生活教育與品德教育。法師以「覺之教育」理念所創辦的華梵大學亦如是，期待為國家社會培養淨心自覺、德學相彰，人文為體、科技為用的現代知識青年。

高柏園先生在〈佛教教育中的終極關懷與現實關懷〉文中，一針見血地指出：當今的時代與社會，由於欠缺對生命終極關懷的認真研索，造成現實關懷獨大的事實，反映在教育上便是：

> 只著重知識技藝的傳授，以便滿足對現實對象的掌握。而其中的危機，也正是在追求現實關懷的滿足之時，遺忘了生命意義與價值的終極關懷，由是造成生命的量化、物質化、結構化、虛無化，也造成所謂生命意義的危機。[18]

證諸教育部公布的統計資料，民國九十四年（2005）臺灣平均每四天就有一個學生自殺。而在民國九十五年初（2006），更有外電報導指出：「這未來一年全球將有一千

---

17 錄自徐福全教授撰〈宗教團體如何發揮社會教化功能〉。參見法師撰《佛學演講集・宗教團體如何發揮社會教化功能》，頁346。
18 高柏園，《第七屆國際佛教教育研討會專輯・佛教教育中的終極關懷與現實關懷》，臺北：原泉出版社，1992年，頁38。

萬人自殺未遂，一百萬人自殺死亡。」[19]而從九十八年度起，學生自殺和自傷案件，已躍居校安意外第四名；到了一○五年度，各學制（國小、國中、高中職及大專院校）學生自殺和自傷件數皆持續增加！[20]法師「覺之教育」的倡導，將有助於人們因覺性的開啟，領悟物我相生、人我一體的生命實相，從而透過慈悲與智慧的生命實踐，開創自我、人我與物我和諧共榮的生命盛景。

　　高柏園先生十分肯定佛教教育對當前現實關懷獨大的教育，具有極殊勝的貢獻，他說：

> 佛教是一個理性宗教，它不但擁有其特有的終極關懷內容，同時，此種關懷也具有普遍而永恆的價值與意義。因此，佛教教育所能提供的最主要貢獻，也正是在針對現代教育只重視知識傳授的缺失，提出終極關懷的反省，並進而安立生命方向，啟發個人的社會義務的自覺。尤有進者，佛教教育它不僅止於終極關懷的提供，同時，它也基於佛德之無量的要求，進而肯定了知識智慧之價值，使得終極關懷的理想與現實關懷之知識，能獲得圓融的安頓，達到互輔的功能。[21]

---

19 作者不詳，〈人間福報・社論：許一個享受生命的福報年〉，臺北：人間福報，2006年1月5日。

20 吳佩旻撰，〈校安意外：學生自殺、自傷明顯攀升〉，臺北：聯合報，2018年7月9日。

21 高柏園，《第七屆國際佛教教育研討會專輯・佛教教育中的終極關懷與現實關懷》，頁36。

　　這也印證了本論文在第四章「曉雲法師的教育志業（上）——理論篇」第二節「曉雲法師教育思想結晶『覺之教育』」中，所論「覺之教育」的特色之一「智慧與知識為用」的觀點。

　　最後，謹述引述郭榮趙先生（1991年2月～1992年7月，擔任華梵工學院第二任院長）在〈曉雲法師和她籌創中的華梵工學院〉的讚詞，以總結法師對當代高等教育與佛教教育的貢獻。文曰：

> 從教育入手，救人救世，這是大仁；切中教育時弊，創立新的教育理想，這是大智；終身奉獻教育，以七九高齡，尚不辭辛勞困難，創辦此一學院，這是大勇。曉雲法師真是集大仁大智大勇於一身，在今天的這個社會，我們特別能夠感到她所發出的熱力和光芒。[22]

---

22 郭榮趙撰〈曉雲法師和她籌創中的華梵工學院〉，1987年。參見釋曉雲，《拓土者的話・附錄》，頁213。

【附錄一】
曉雲法師年表[*1]

西元	歲	記　　　　　　　　事
1912	1	俗名游韻珊（初名游婉芬），出生於廣州市近郊花地鄉，長於廣州市。其先祖為廣東省南海縣人；父名游西霖，母名郭趣，為一崇儒奉佛之家庭。
1916	5	上「書館」（私塾）讀《三字經》。
1918	7	上「大學館」讀《唐詩》、《四書》、《千家詩》。
1925	14	入新式學堂，及長讀中學，專修文學專科。
1929	18	考入鮑少游先生主持的香港麗精美術學院。利用課餘時間參學，曾受教於於國學家俞叔文老師及書畫詩文俱佳的李礪明老師門下。
1933	22	畢業於香港麗精美術學院全科、入研究班。 畢業後，任教於香港聖保祿中學，教授高中美術、國文。 拜嶺南畫祖高劍父先生為師。
1934	23	以游雲山筆名，於香港中環孔雀聽舉辦個人首次畫展。 兼課於香港麗澤女子中學，教授美術。
1935	24	創辦「韻風藝苑」於廣州市。

西元	歲	記　　　　事
1939	28	至美術學院附近之菩提道場與崇蘭中學聽聞經法。
1941	30	初夏，從香港乘船至廣州灣，經鬱林、柳州轉往桂林，因日軍攻陷香港，遂留桂林寫畫讀書，住桂林環湖東路。 留住桂林期間，曾赴曲江南華寺拜謁虛雲老和尚。之後，往長沙絲苗山寫戰蹟。
1942	31	重慶中央日報，刊長沙戰蹟畫作。隨中央文化協會經黔貴入川蜀。 十月，抵陪都重慶，舉行桂林風景、長沙戰蹟畫展，名重一時。 於成都接獲父亡妹喪之噩耗，悲慟不已！於四川佛教會主席昌圓老和尚道場為父、妹作超薦佛事，進而皈依昌圓老和尚。 後因小住成都靈巖山，閱《憨山大師年譜》而興出世之志。
1945	34	抗戰勝利後，年底回廣東會祖母及母親、弟弟。
1946	35	應廣東文獻館館長簡又文之聘，蒐集廣東文獻，至崖山寫「崖山奇石」及楊太后祠殘址，所收文圖集於廣東文獻專輯（已遺失）。 秋，辭卻廣東文獻館蒐集文獻一職。 任教於國立華僑第三中學，教高中國文，隨校遷赴廣西龍州。

西元	歲	記　　　　　事
1947	36	秋，辭卻教職，從龍州出鎮南關，前往越南，開始「東南行」之旅。 至高棉吳哥窟巡禮佛蹟。
1948	37	由新加坡經馬來西亞乘渡輪抵印（途經緬甸停留二天）。至泰戈爾大學藝術學院研究佛教藝術。 旅印前後四年，曾任教泰戈爾大學藝術學院，教授中國畫學，並任該校研究員，研究印度藝術。 其間參訪佛陀行跡聖地，登大吉嶺畫喜馬拉雅山，至阿姜塔臨摹畫像；撰著《印度藝術》、《中國畫話》二書。
1951	40	初冬，自印度回僑居地香港。 恩師高劍父逝世。
1952	41	任教東蓮覺院教授教育原理，並兼任該院附設中學之國文及美術老師。 親近天臺宗四十四祖倓虛老法師。
1955	44	創「原泉出版社」，印行《原泉雜誌》，發揚儒佛文化，淨化社會人心。與唐君毅教授共研創刊辭：「斷煩惱而修悲智，莫尚乎佛；由仁義以行教化，莫尚乎儒。」 出版嶺南畫祖高劍父《我的現代國畫觀》、自著《泉聲》以及寫於印度的《印度藝術》。 任慈航淨院幼校校長。

西元	歲	記 事
1956	45	初夏，農曆四月初十「環宇周行」啟程，首途由港九飛往菲律賓，沿途舉辦畫展，並應邀演講。 前後三十多個月，跡履二十多國：菲、日、美、加、法、荷、英、比、（東、西）德、瑞士、奧、西、葡、義、希臘、土耳其、伊朗、伊拉克、巴基斯坦、印度、緬甸、泰國等。
1958	47	冬，結束「寰宇周行」，於回僑居地香港之前，在印度削髮易服。 返港後，依止倓虛大師出家，住大嶼山昂平掩方便關。
1959	48	於香港創辦慧仁、慧泉等徙置區小學，收容並教化自大陸來港難民的小孩。 創辦「香港佛教文化藝術協會」。
1960	49	在大嶼東涌山創辦「蓮華夜校」，為農民文盲子女輔施教育。
1963	52	九月二十七日自香港飛抵臺灣，展開為期四十二天的參方請益之旅；掛單於太滄老和尚主持的金山分院。 期間，南下禮拜印順長老，請益聖嚴法師、悟一法師、星雲法師，並與梁寒操先生、呂佛庭居士等商討「現代國民思潮」之內容。 離臺前夕，與張其昀先生（中國文化學院創辦人）商討提倡佛教文化藝術之計畫。

西元	歲	記　　　　　　事
1964	53	二月再度訪臺，與張其昀先生商議華岡中國文化學院發展佛教文化活動事宜。
1966	55	於香港沙田創辦「慧海中學」。 來臺養病；是年冬，決定受聘於張其昀先生所創辦的中國文化學院。
1967	56	二月，於中國文化學院哲學與藝術兩研究所正式授課。
1968	57	兼任中國文化學院佛教文化研究所所長。 八月，出席於陽明山舉行的「第一屆華學會議」，發表〈禪話〉、〈般若禪〉兩篇論文。
1969	58	五月，代表中國佛教會出席由泰國頻披公主主持，於馬來西亞吉隆坡東姑廳隆重舉行的「第九屆世界佛教友誼會」。 八月，於華岡佛教文化研究所舉辦文物展。
1970	59	於陽明山永明寺，創辦「蓮華學佛園」，擔任導師。
1971	60	應邀赴澳洲坎培拉大學召開的「第二十八屆國際東方學者會議」，發表論文〈現代佛教文化發展之基本要素〉。 應邀赴澳洲雪梨中華佛學社成立般若堂宣揚佛法。
1974	63	七月十日，創辦「清涼藝展」以書畫創作紀念佛誕，於臺北中國佛教會預展。

西元	歲	記　事
1976	65	應邀出席韓國漢城東國大學主辦的「世界佛教學術會議」，發表論文〈禪林教化對現代教育之啟示〉。
1978	67	九月，應邀出席美國哥倫比亞大學「第一屆國際佛學會議」，發表論文〈般若思想與中國禪〉。 十月，會後赴美、加、德、荷、比利時等國訪問演講。 國外「首屆清涼藝展」於比利時布魯塞爾文淵閣展出。
1979	68	秋季，於蓮華學佛園為有志佛學研究之青年講授〈禪源講話〉*2等課程，傳揚天臺教義。 十二月，出席輔仁大學主辦「國際哲學會議」，發表論文〈道通乎藝──現代宗教的研究〉。
1980	69	教育部核准設立「華梵佛學研究所」。 一月，出席印度國際佛學會主辦「第二屆國際佛學會議」。 六月，出席美國夏威夷大學舉辦「東西宗教交流會議」，發表〈現代佛教精神及其風範〉論文一篇。 八月，出席加拿大曼尼托巴大學舉行的「第三屆國際佛學會議」暨「第十四屆國際宗教史學會議」，會中發表〈般若思想在中國之發展〉、〈智旭大師之禪教及其法華會義〉論文兩篇。

西元	歲	記 事
1981	70	八月,應邀出席美國威斯康辛大學舉行「第四屆國際佛學會議」,發表論文〈般若禪轉識教育論〉一篇。 十二月,華梵佛學研究所舉辦「第一屆佛教教育研討會」,發表論文〈佛教教育原理〉。
1982	71	八月,出席英國牛津大學赫特學院「第五屆國際佛學會議」,發表論文〈佛陀之自然教育論〉。 十二月,主辦「第二屆國際佛教教育研討會」,發表論文〈般若淨化之覺性教育〉。
1983	72	八月,出席日本東京、京都召開的「第六屆國際佛學會議」,發表論文〈摩訶般若經中七覺分的教育論〉。 九月,於文化大學舉辦「第三屆國際佛教教育研討會」,發表論文〈「覺之教育」慧命開拓論〉。
1984	73	七月,主辦「第四屆國際佛教教育研討會」,發表論文〈佛教教化的基本原理以「人」為出發點〉。
1985	74	六月,出席臺中東海大學「第一屆世界中國哲學會議」,發表論文〈佛學之基本原理與施教方便〉。 七月,應邀出席義大利波隆納大學聖道明尼哥修道院的「第七屆國際佛學會議」,發表論文〈空慧妙智教育論〉。

西元	歲	記　　　　　事
1986	75	七月，主辦「第五屆國際佛教教育研討會」，發表論文〈佛教社會高等教育之意義與目標〉。 八月，應邀出席中華民國「敦煌學國際研討會」，發表論文〈敦煌壁畫佛經變相與現代經變圖〉。 十月，出席「中華民國哲學會議」，發表論文〈蔣公對三民主義之民生哲學〉。 十二月，出席淡江大學主辦「中國近代政治與宗教關係」國際學術研討會，發表論文〈現代佛教在台灣的使命〉。
1987	76	二月，出席印度菩提伽耶「第一屆國際比丘尼會議」，提供論文〈比丘尼之時代觀〉。 八月，出席美國加州柏克萊大學舉行的「第八屆國際佛學會議」，發表論文〈非行非坐三昧之教育論〉。 華梵工學院獲教育部核准籌設，為中國歷史上第一所由佛教人士創辦的大學；校址位於海拔五百五十公尺的臺北縣石碇大崙山（2010年12月25日改制為新北市石碇區）。
1988	77	五月，於臺灣省立博物館展出「佛教文物特展」與「曉雲山人五九畫齡回顧展暨第十五屆清涼藝展」。 七月，主辦「第六屆國際佛教教育研討會」，發表論文〈心物互用——善導社會安寧人心和暢〉。

西元	歲	記　　　　　　　　事
1989	78	七月，受國際佛學研究會委辦「第九屆國際佛學會議」，假中央圖書館召開，任大會主席，發表論文〈現代經變圖的緣起與意義〉。與會學者來自四十餘國，共發表論文六十四篇。 九月，華梵工學院開工法會。 十月，出席臺北「第五屆僧伽大會」，計有五大洲二十三國地區代表，千餘人與會。
1990	79	九月，「華梵工學院」第一屆招生，開學典禮。 七月，主辦「第七屆國際佛教教育研討會」，發表論文〈佛陀之言教身教與默教並論環境教育與教育環境〉。
1991	80	五月，出席中國哲學會於中央圖書館舉辦的「中國人之價值觀研討會」。 七月，出席於巴黎的「第十屆國際佛學會議」，發表論文〈覺之教育與生命和諧〉。 十月，出席泰國塔府沙大學「國際佛教婦女會議」，發表論文〈現今人類需要佛教〉。
1992	81	七月，於大崙山主辦「第八屆國際佛教教育研討會」，發表論文〈佛教教育與生命和諧〉。
1993	82	二月，華梵工學院增設人文學系，創辦東方人文思想研究所、中國文學系，易名「華梵人文科技學院」，以「人文與科技融匯，慈悲與智慧相生」為辦學宗旨。是年，法師親自教授佛學與「覺之教育」等課程於東研所。

西元	歲	記　　　　　事
		十一月，「第廿屆清涼藝展」應邀於湖南長沙麓山寺展出，為海峽兩岸添一文化藝術交流活動。
1994	83	七月，「第廿屆清涼藝展特展」暨「曉雲山人六四畫齡回顧展」於國父紀念館中山畫廊展出。 七月，於臺北中央圖書館舉辦「第九屆國際佛教教育研討會」，發表論文〈佛陀施教心理環保終極關懷自他兩利〉。 十一月，於香港清水灣湛山寺，接受天臺宗第四十五代傳法人法卷。
1996	85	四月，「第二屆天臺宗學會」於大崙山集賢堂揭幕，發表論文〈天臺教觀與止觀〉。 七月，於華梵校園舉行「第十屆國際佛教教育研討會」，仍任大會主席，發表論文〈佛教對現世教育之關懷——後現代教育之研議與關照〉。 九月，創辦「覺之書院」，每月一次於華梵校園舉行專題演講，倡導人文教育之省思。
1997	86	華梵人文科技學院核准正名為華梵大學，設有文學、工學、藝術設計三個學院。 十二月二十九日，獲頒國家最高榮譽行政院國家文化獎。
1998	87	六月，於國立歷史博物館國家藝廊舉辦「曉覺禪心——曉雲法師書畫展」。 十月三日，成立「華梵文教基金會」。

西元	歲	記　事
1999	88	七月，假華梵大學舉辦「第十一屆國際佛教教育文化研討會」，發表論文〈覺性人生的教育——廿一世紀希放燦焯朝霞〉。
2000	89	五月，「清涼特展暨曉雲山人七一畫齡回顧展」於國家音樂廳文化藝廊舉行。 五月十五日於臺北市立社教館舉行「淑世幽情音樂演唱會」。 六月十二日至十八日，「清涼特展暨曉雲山人七一畫齡回顧展」於臺南市立社教館展覽。廿一日至廿七日，於高雄市立文化中心展覽。 蓮華學佛園三十週年慶。 華梵佛學研究所二十週年慶。 十月三十日，華梵大學十週年校慶。
2002	91	七月，主持「第十二屆國際佛教教育文化研討會」揭幕式，任大會榮譽主席。 十月廿九日，主持華梵大學覺照樓「倓虛大師紀念堂」落成典禮。
2004	93	四月，「曉覺禪心——曉雲法師書畫藝展」於臺中市立文化中心展出。華梵大學美術系假該中心舉辦「曉覺禪心——曉雲山人藝文哲思研討會」。 五月，「第卅屆清涼藝展」於華梵文物館展覽。 九月廿六日，大崙山慈蓮苑（蓮華學佛園所在）「法華塔」開光。

西元	歲	記　　　　　事
		十月十五日，於慈蓮苑般若堂安詳示寂。 十二月三日，於華梵校園舉行追思傳供讚頌大典，假獅頭山勸化堂舉行荼毘禮，暫奉安於慈蓮苑。

＊1.本年表主要根據下列資料，並參酌本書第二章「曉雲法師與教育結緣的一生」所引用的法師撰著而編製：

　（1）曉雲導師圓寂讚頌委員會製，《般若禪行者上曉下雲導師示寂追思紀念・曉雲導師年譜》，臺北：原泉出版社，2004年。

　（2）國立歷史博物館編輯委員會編，《曉覺禪心 —— 曉雲法師書畫集・曉雲法師重要經歷》，臺北：國立歷史博物館，1998年，頁148-151。

　（3）《華梵佛學研究所十週年紀念特刊》、《花開蓮現 —— 蓮華學佛園二十周年紀念特刊》與《蓮華學佛園三十周年誌慶》等三書所載之大事記。

＊2.從民國六十八年（1979）十月十五日起講，至民國七十年（1981）四月十三日止，共講了四學期，合計六十幾講；後整理成《佛禪之源》一書，原泉出版社出版（1998）。

【附錄二】
曉雲法師著作一覽表 ※

類別	書名（出版年，西元）	簡介
一、藝術類	佛教藝術套書 （《佛教藝術論集》、 《佛教藝術講話》、 《禪畫禪話》、 《中國畫話》、 《畫藝寰宇》、 《印度藝術》共六冊（1994） 《現代經變圖》（1998） 《佛教藝術散論》（2000）	輯錄法師對中國藝術、印度藝術及佛教藝術之精湛理論與意境。 其中《印度藝術》乃於遊學印度時所撰，為中國人研究印度藝術先驅之一。 《畫藝寰宇》乃輯錄法師參方行旅東西南行及寰宇周行時舉辦畫展時，各地報章報導與專論。
二、佛學類	《天臺宗論集》（1987） 《佛語垂光》（上下冊）（1988） 《佛學散論》（1990） 《佛教園地》（1990） 《觀音圓行》（1994）	本類收錄法師對佛學及佛法之上課講義、演講、開示，或出席國際佛學會議宣讀之論文。

類別	書名（出版年，西元）	簡介
二、佛學類	《法華講義疏鈔》（上下冊）（1996） 《佛學演講集》（1997） 《佛學獻詞》（1997） 《佛教與時代》（1997） 《佛教論文集》（1997） 《妙音妙行》（1997） 《開示錄》（1997） 《佛教文化與時代》（1998） 《讀晚明諸師遺集》（1998）	其中《觀音圓行》與《妙音妙行》乃法師宣講《妙法蓮華經》之〈觀世音菩薩普門品〉與〈妙音菩薩品〉兩品之講經紀錄。
三、禪學類	《禪畫禪話》（1994） 《禪詩禪師》（1996） 《佛禪之源》（1998） 《禪思》（1998） 《禪話》（1998） 《南韓行腳》（1998）	法師早年耽禪，對如來禪與祖師禪皆有所參究。《佛禪之源》乃法師在華梵佛學研究所開設《禪源》講座時，稱性之發揮。 　《南韓行腳》則於一九七六年赴韓國東國大學參加會議後，參訪松廣寺與方丈九山禪師之禪機實錄。

類別	書名（出版年，西元）	簡介
四、教育類	《佛教教育散論》（1992） 《拓土者的話》（1994） 《華岡緣影錄》（1995） 《覺之教育》（1998） 《覺之教育講話》（1998） 《佛教教育講話》（1998） 《教育・文化》（1998） 《覺之教育摘錄》（1999）	此類收集法師多年來對教育之深切關懷論著，與創辦華梵大學後週會、講演與開示等。 　　《華岡緣影錄》則輯錄法師應聘由港到臺文化大學任教之種種因緣，與張創辦人曉峰先生知人之遇，故在華岡主持佛教文化研究所，并任哲學與佛教藝術研究所課程，指導碩士、博士論文數篇。因為華岡任教之因緣，才開啟後續在永明寺創辦蓮華學佛園與華梵佛學研究所之法緣，故云華岡緣深。 　　法師當時任教華岡、蓮華學佛園及華梵佛學研究所，亦即

類別	書名（出版年，西元）	簡介
		社會與僧伽教育之兼顧，是為法師後續創辦華梵大學，實現僧伽與社會教育二部並進之教育理想的濫觴。
五、文藝類	《園林思想》（1996） 《清哦集》（1998） 《泉聲》（共四輯）： 二輯（1998） 一、三、四輯（1999） 《曉風散記》（1999） 《語絲》（1999） 《三年文集》（2000） 《淨苑隨筆》（2003） 《四時散記》（2003） 《逝水年華：曉雲法師的人生述懷》（2014）	本類所收錄乃法師文思泉湧，心源活水汩汩的結晶。 最早的《泉聲》約出版於一九五五年，是寫於遊學印度泰戈爾大學時受泰戈爾文學心靈之影響，之後並有三輯。本此靈妙心源，來臺後有《清哦集》、《語絲》等結集成書。
六、參方行	《環宇周行前後》（1995） 《島嶼歲月》（1998） 《三山行跡》（1998） 《環宇周行散記》（1998） 《東西南行散記》（1998）	此類文稿多為法師旅遊參方之見聞記事與尋思心語。為法師一生各期心路歷程之具體寫照。

類別	書名（出版年，西元）	簡介
腳類	《流光心影・I,島嶼歲月（1961-1962）》（2015）	
七、畫集類	《曉雲山人六四畫齡回顧展專輯》（1994） 《曉雲山畫集》 （共出三輯1994） 《曉雲山人五九畫齡回顧展專輯》（1988） 《曉雲山畫集速寫》（1998） 《曉雲山人七一畫齡回顧展專輯》（2000） 曉雲山畫集明信片數種 《曉雲法師詠梅集》（2007） 《曉雲法師書畫集：松竹梅》（2008） 《曉風祥雲：曉雲法師法語書畫》（2009） 《妙法華：曉雲法師法語書畫》（2011） 《禪：曉雲法師禪畫集》（2013） 《海：智慧如海、善法如水：曉雲法師書畫集》（2015）	本類乃將法師畫作結集成冊或印行畫片，以廣流通。

類別	書名（出版年，西元）	簡介
八、歌詞類	《清涼新聲》（共出三輯，分別出版於1986、1997） 《清涼新聲集》（1992） 《終生知己夕陽紅》（1996） 《覺樹此栽》（1996） 《人間法語》（1997） 《淑世幽情》（2000） 《淑世之聲》《四聖頌》（2000）	本類歌詞乃法師詩詞心語，寓教於樂之佳構，分別委請名音樂家黃友棣、李中和，及蕭滬音教授譜曲。

※本表主要根據《原泉出版社 2004 年圖書目錄》及釋仁朗撰《法乳千秋——曉公雲師書畫思想與精神之窺探》之〈壹、曉雲導師流光集叢書書目與分類簡介〉修正編製。後者參見本書正文第四章註91，頁54-55。

註：2019年修訂版，增列2003年後，原泉出版社出版之法師著作。

【附錄三】
曉雲法師指導博碩士論文一覽表◇¹

類別	年度	姓名	題目	指導教授	校所
碩	58	邢福泉	◎中國佛教藝術探源◇2	釋曉雲	文化藝術
碩	58	陳國寧	敦煌壁畫佛像之研究	釋曉雲	文化藝術
碩	59	陳清香	◎大足唐宋佛教崖雕之研究	楊家駱◇3	文化藝術
小論文	59	吳振聲	◎中國佛教藝術發展之概況——佛寺建築與佛窟之開發	釋曉雲	文化藝術
小論文	59	徐哲萍	◎般若思想與禪	釋曉雲	文化哲學
碩	60	李賢學	依心經研究般若之義理	釋曉雲	文化哲學
碩	60	李純仁	◎中國佛教音樂之研究	釋曉雲	文化藝術
碩	61	王哲雄	◎淨土行儀之藝術論	釋曉雲	文化藝術
碩	61	蔣勳	◎漸江研究	莊嚴◇4	文化藝術
碩	62	曾興平	◎中印佛教藝術思想之研究	釋曉雲	文化藝術
碩	68	孔維勤	◎般若空義與妙用	釋曉雲	文化哲學
碩	69	林福春	菩薩相體用論之研究	釋曉雲	文化藝術

類別	年度	姓名	題目	指導教授	校所
博	71	熊 琬	◎朱子理學與佛學之探討	釋曉雲 周邦道	政大中文
碩	72	林久惠	◎台灣佛教音樂 ── 早晚課 主要經典的音樂研究	呂炳川 ◇5	師大音樂
碩	87	李宗明	天臺通教之化法研究	釋曉雲	華梵東研 ◇6

◇1. 本表主要根據法師撰《華岡緣影錄》，頁177-183，及華
　　梵大學文物館館藏資料編製。

2. ◎表華梵大學文物館館藏，合計十一本博碩士論文，皆
　　為法師任教文化大學時所指導之作品。

3. 該論文題詞：「論文作者曾修藝術研究所曉雲法師主講佛
　　教藝術後之撰論。」見華梵大學文物館所收該作者贈法
　　師之論文。

4. 該論文緒言：「莊嚴老師、曉雲法師、王壯為和江兆申的
　　指導與借與資料，都給我許多的幫助。」

5. 該生撰述此篇論文時，曾訪問過多位老一輩的法師，其
　　中之一即曉雲法師。

6. 全名「東方人文思想研究所」。

【附錄四】
曉雲法師出席國內外學術會議一覽表^{§1}

時　間	地　　點	會　議　名　稱	論文／演講題目
1968. 08.26 | 08.30	臺北 中國文化學院 College of Chinese Culture, Taipei, R.O.C.	第一屆國際華學會議 First International Sinological Conference	1.般若禪 　Prajna Ch'an 2.禪畫 　Ch'an Painting
1969. 11.10 | 11.14	錫蘭 可倫坡教育部 Ministry of Education, Colombo, Ceylon	聯合國教育科學文化 組織佛教藝術研究專 家會議 United Nations Educational, Scientific and Cultural Organization, Meeting of Experts for the Studies of Buddhist Art	臺灣地區佛教藝術 研究現況 Current Buddhist Art Studies in Taiwan, R.O.C. §2
1971. 01.06 | 01.12	澳洲 坎培拉大學 Australian National University,	第二十八屆國際東方 學者會議 The 28th International Conference of	現代佛教文化發展 之基本要素 The Basic Elements of the Development of

時　間	地　　點	會　議　名　稱	論文／演講題目
	Canberra, Australia	Orientalist	Modern Buddhist Culture
1976. 08.31 ｜ 09.02	韓國漢城 東國大學 Donggur University, Seoul, Korea	世界佛教學術會議 World Conference on Buddhism and the Modern World	禪林教化對現代教 育之啟示 Revelation from Ch'an Practice to Contemporary Education
1978. 04.01 ｜ 04.22	臺南聖功修女中 Sheng Kung Girl's High School, Tainan , R.O.C.	「世界方濟聖母院修 女會」講習會（臺南 聖功修女會主辦） The Workshop for Franciscan Missionaries of Mary	佛教與中國文化 Buddhism and Chinese Culture
1978. 05.30 ｜ 06.04	美國春田大學 Fairfield University, Connecticut, U.S.A.	第一屆國際中國哲學 會 The 1st Annual Meeting of the International Society for Chinese Philosophy	般若廣照空有論 Prajna's Thorough Insights of Emptiness and Existence §3
1978. 09.15 ｜ 09.17	美國紐約 哥倫比亞大學 Columbia University, New York, U.S.A.	第一屆國際佛學研究 協會會議 The 1st Conference of International Association of Buddhist Studies	般若思想與中國禪 Prajna-Paramita Thought and Chinese Ch'an

時　間	地　　點	會　議　名　稱	論文／演講題目
1979. 12.28 ｜ 1980. 01.01	臺北輔仁大學 Fu Jen Catholic University, Taipei, R.O.C.	第一屆國際哲學會議 The 1st International Congress of Philosophy	道通乎藝——現代宗教的研究 Dao/Tao merges with Art: A Study on Contemporary Religion
1980. 06.15 ｜ 06.27	美國檀香山 夏威夷大學 University of Hawaii, Honolulu, U.S.A.	東西宗教接觸會議 Conference on the Encounter between the Eastern and Western Religions	現代佛教精神及其風範 The Model and Spirit of Modern Buddhism
1980. 08.17 ｜ 08.22	加拿大 曼尼托巴大學 University of Manitoba, Canada	第三屆國際佛學研究協會會議暨第十四屆國際宗教史學會議 The 3rd Conference of the International Association of Buddhist Studies in Conjunction with the XIVth International Congress of the International Association for the History of Religions	1.般若思想在中國之發展及其影響 Development and Influence of Prajna-Paramita Thought in China 2.智旭大師之禪教及其法華會義 Master Chih-Shu's Dhyana Teachings and His Fa-Hua-Hui-Yi
1981. 08.07 ｜ 08.09	美國 威斯康辛大學 University of Wisconsin, U.S.A.	第四屆國際佛學研究協會會議 The 4th Conference of the International	般若禪轉識教育論 Educational Aspect for Transforming Consciousness into

時　間	地　　點	會　議　名　稱	論文／演講題目
		Association of Buddhist Studies	Wisdom by Prajan Ch'an
1981. 12.19 ｜ 12.20	華梵佛學研究所 Institute for Sino-Indian Buddhist Studies, Taipei, R.O.C.	第一屆佛教教育研討會 The 1st Conference on Buddhist Education	佛教教育原理 The Principles of Buddhist Education
1982. 08.16 ｜ 08.21	英國牛津大學赫福學院 University of Oxford, England	第五屆國際佛學研究協會會議 The 5th Conference of the International Association of Buddhist Studies	佛陀之自然教育論 The Natural Education of the Buddha
1982. 12.18 ｜ 12.19	華梵佛學研究所 Institute for Sino-Indian Buddhist Studies, Taipei, R.O.C.	第二屆佛教教育研討會 The 2nd Conference on Buddhist Education	般若淨化之覺性教育 Enlightened Education Through the Purification of Prajna
1983. 08.31 ｜ 09.07 §4	日本東京京都 Tokyo - Kyoto, Japan	第六屆國際佛學研究協會會議暨第卅一屆亞洲與北非人文科學研究會議 The 6th Conference of the International Association of Buddhist Studies	摩訶般若經中七覺分的教育論 Theory of Education on Saptabodhya-ga in Mahaprajna-paramita Sutra

時　間	地　　點	會　議　名　稱	論文／演講題目
		Together with XXXI the International Congress of Human Science in Asia and North Africa	
1983. 09.11 ｜ 09.13	華梵佛學研究所 Institute for Sino-Indian Buddhist Studies, Taipei, R.O.C.	第三屆國際佛教教育研討會 The 3rd International Conference on Buddhist Education	「覺之教育」慧命開拓論 Theory on Developing a Life of Wisdom through "Enlightened Education"
1984. 07.09 ｜ 07.11	華梵佛學研究所 Institute for Sino-Indian Buddhist Studies, Taipei, R.O.C.	第四屆國際佛教教育研討會 The 4th International Conference on Buddhist Education	佛教教化的基本原理以「人」為出發點 Principles of the Buddha's Education: Based on "Human Beings"
1985. 06.20 ｜ 06.23	臺中東海大學 Tunghai University, Taichung, R.O.C.	第一屆世界中國哲學會議 The 1st World Conference in Chinese Philosophy	佛學之基本原理與施教方便 Basic Principles and Skillful Teachings of Buddhism
1985. 07.08 ｜ 07.13	義大利 波隆那大學 Bologna University, Italy	第七屆國際佛學研究協會會議 The 7th Conference of the International	空慧妙智教育論 §5 Educational Theory on the Enlightened

時　間	地　　點	會　議　名　稱	論文／演講題目
		Association of Buddhist Studies	Nature of Prajna-Wonderful Wisdom
1986.07.12 | 07.15	華梵佛學研究所 Institute for Sino-Indian Buddhist Studies, Taipei,R.O.C.	第五屆國際佛教教育研討會 The 5th International Conference on Buddhist Education	佛教社會高等教育之意義與目標 The Meaning and Aim of Buddhist Social Higher Education
1986.08.01 | 08.03	臺北 國立中央圖書館 National Central Library， Taipei, R.O.C.	敦煌學國際研討會 International Conference on Tun Huang Studies	敦煌壁畫佛經變相與現代經變圖 Tun Huang Murals of Sutras and Contemporary Murals of Sutras
1986.12.18 | 12.20	臺北淡江大學 Tamkang University, Taipei, R.O.C.	第一屆中國近代政治與宗教關係國際學術研討會 The 1st International Symposium on Church and State in China: Past and Present	現代佛教在台灣的使命 The Mission of Modern Buddhism in Taiwan
1987.02.11 | 02.17	印度菩提伽耶 Bodhcaya, India	國際比丘尼會議 International Conference on Buddhist Nuns	比丘尼之時代觀 A New Epoch for Bhiksuni §6
1987.	美國加州	第八屆國際佛學研究	非行非坐三昧之教

時　間	地　　點	會　議　名　稱	論文／演講題目
08.08 ｜ 08.10	柏克萊大學 University of California, Berkeley, U.S.A.	協會會議 The 8th Conference of the International Association of Buddhist Studies	育論 The Educational Theory of the Samadhi of Neither Walking nor Sitting
1988. 07.27 ｜ 07.30	華梵佛學研究所 Institute for Sino-Indian Buddhist Studies, Taipei, R.O.C.	第六屆國際佛教教育 研討會 The 6th International Conference on Buddhist Education	心物互用——善導 社會安寧人心和暢 The Mutual Function of Mind and Matter— How to Stabilize and Bring People in a Gentle, Pleasant State of Mind
1989. 07.26 ｜ 07.28	臺北 中央圖書館 National Central Library, Taipei,R.O.C.	第九屆國際佛學會議 The 9th Conference of the International Association of Buddhist Studies	專題演講：覺之教 化——傳統與現代 Keynote Speech: Enligtened Education— from Tradition to Modern 論文：現代經變圖 的緣起與意義 Essay: The Origin and Meaning of Contemporary Murals of Sutras

時　間	地　　點	會　議　名　稱	論文／演講題目
1990. 07.25 ｜ 07.29	臺北 中央圖書館 National Central Library, Taipei, R.O.C.	第七屆國際佛教教育 研討會 The 7th International Conference on Buddhist Education	佛陀之言教身教與 默教並論環境教育 與教育環境 On Buddha's "Verbal- precept," "Personal- example," and "Tacit-samadhi" Instructions— Also on "Environmental Education" and "Educational- functioned Environment"
1991. 05.23	臺北中央圖書館 National Central Library, Taipei, R.O.C.	中國人之價值觀研討 會（中國哲學會主 辦） Seminar on the Value of Chinese People	無 §7
1991. 07.18 ｜ 07.21	巴黎 Paris, France	第十屆國際佛學會議 The 10th Conference of the International Association of Buddhist Studies	覺之教育與生命和 諧 Enlightened Education and the Harmony of Life
1991. 10.25	泰國 塔府沙大學	國際佛教婦女會議 International	現今人類需要佛教 Buddhism—A

時　間	地　點	會　議　名　稱	論文／演講題目
｜ 10.29	Tailand	Conference on Buddhist Women	Necessity of Nowadays People
1992. 07.16 ｜ 07.19	臺北中央圖書館 ／華梵人文科技 學院 National Central Library/ Huafan Institute of Humanity and Technology, Taipei, R.O.C.	第八屆國際佛教教育 研討會 The 8th International Conference on Buddhist Education	佛陀環境教育與親 近自然世界觀 Buddha's Environmental Education and Viewpoint of Closing to Nature
1994. 07.16 ｜ 07.20	臺北中央圖書館 ／華梵人文科技 學院 National Central Library/ Huafan Institute of Humanity and Technology, Taipei, R.O.C.	第九屆國際佛教教育 研討會 The 9th International Conference on Buddhist Education	佛陀施教心理環 保——終極關懷自 他兩利 Buddha's Instruction of Mental Ecology— Ultimate Concern: Great Benefit to Oneself and Others
1996. 04/09	華梵人文科技學 院 Huafan Institute of Humanity and Technology, Taipei, R.O.C.	第二屆天臺宗學會 The 2nd T'ien-T'ai Symposium	天臺教觀與止觀 §8 T'ien-T'ai's Mind- Observation by Applying Buddha's Teachings and Practicing Meditation

時　間	地　　點	會　議　名　稱	論文／演講題目
1996. 07.20 ｜ 07.23	國家圖書館／華梵人文科技學院 National Central Library/ Huafan Institute of Humanity and Technology, Taipei, R.O.C.	第十屆國際佛教教育研討會 The 10th International Conference on Buddhist Education	佛教對現世教育之關懷——後現代教育之研議與關照 Buddhist Concern toward Contemporary Education and Its Reflection—Postmodern Educational Studies and Insights
1999. 07.10 ｜ 07.14	中央研究院／華梵大學 Academia Sinica/Huafan University, Taipei, R.O.C.	第十一屆國際佛教教育文化研討會 The 11th International Conference on Buddhist Education and Culture	覺性人生的教育——廿一世紀希放燦焯朝霞 Education of Enlightenment and Living: New Hope for the Twenty-first Century
2002. 07.06 ｜ 07.08	華梵大學 Huafan University, Taipei, R.O.C.	第十二屆國際佛教教育文化研討會 The 12th International Conference on Buddhist Education and Culture	無／（開幕致詞） Words of Welcome

§1.本表主要根據下列資料編製：

（1）《佛語垂光》上、下冊：收錄法師應邀出席二十三次國際學術會議之相關資料。

（2）《華梵佛學研究所十週年紀念特刊》、《花開蓮現——蓮華學佛園二十周年紀念特刊》與《蓮華學佛園三十周年誌慶》等三書所載之大事記。

（3）歷屆國際佛教教育（文化）研討會論文集。

（4）天臺學會歷屆研討會論文集。

（5）法師撰《佛教論文集》，原泉出版社出版（1997）。

§2. 法師代表中國文化大學出席會議，並被安排於「亞洲及其他地區佛教藝術研究現況」小組中，報告中華民國臺灣境內佛教文化藝術及其研究現況。然因簽證延誤，法師未能及時出席該小組，只能將會前寄交之論文，分發與會其他代表。此外，法師並提供若干意見予該組織「五年（1969-1973）佛教藝術研究計畫」。參見本書正文第四章註32，《佛語垂光》上冊，頁2、頁11-13。

§3. 該會主題為「中西哲學中的有、無與變」

（Being and Non-being in Chinese Philosophy）。法師因已應邀出席同年秋將在美國哥倫比亞大學舉行之第一屆國際佛學研究會議，不克出席本會議，但仍提供論文委請夏威夷大學鄭學禮教授代為宣讀。參見《佛語垂光》下冊，附錄，頁623。

§4. 會議結束日期另一說：九月八日，見於《華岡緣影錄》（頁152-153）、《三山行跡》（頁247）、與《佛語垂光》下冊（頁346）。但根據內文：在「東京、京都召開八天」之說，會議結束日期應是九月七日。

§5. 本篇論文題目有二別名：

(1)〈般若空慧之覺性教育〉：見於《三山行跡》（頁249）、《佛語垂光》下冊（頁364）。

(2)〈般若空慧之妙智教育論〉：見於《覺之教育》（頁203）。

§6. 法師因故不克參加，由華梵佛學研究所研究生釋仁華代表宣讀論文。

§7. 法師應邀參加，並於現場揮毫寫山水畫數幅，贈與該館館長楊崇森先生與圖書館。參見《蓮華學佛園三十周年誌慶・三十年大事記略》，頁216。

§8. 本篇論文完整題目：〈天臺教觀與止觀——「支林」二善分」之菩薩禪〉。

【附錄五】
《華嚴經》對曉雲法師的影響

摘　要

　　華嚴宗一乘十玄、六相圓融與法界重重無盡緣起的妙諦，有助開拓學人「心包太虛，量周沙界」的廣大心量，泯除時空、人我、物我的界隔，創造人我一體、物我相生、法我一如，無限開闊、豐「富」而尊「貴」人生！是以該宗據以成立的《華嚴經》因此受到歷代祖師大德與在家信眾的尊崇。本文以當代佛教教育家曉雲法師（1912-2004）為例，剖析《華嚴經》經教對她個人修行、弘化志業乃至畫藝創作的影響。主要以法師出家前後所著《島嶼歲月》、《環宇周行散記》、《四時散記》與《淨苑隨筆》等四書為研究材料，輔以相關經典論著；採文獻分析法，依據上述四本著作中所出現有關《華嚴經》之引文或有關《華嚴經》教理之論述，加以分析，從而歸納《華嚴經》對法師個人修行的影響為：（一）行持之軌則、（二）禪觀之輔助與（三）悲願之興發，並據此闡述之。

關鍵詞：華嚴經、曉雲法師、淨行品、明法品、普賢行願品

一　前言

（一）背景說明

「自讀首楞嚴[1]，從此不嚐人間糟糠味；認識華嚴經[2]，方知已是佛法富貴人。」[3]學人果真能契入華嚴一乘十玄[4]、六相圓融[5]與法界重重無盡緣起的妙諦，則不只有機緣悠遊華嚴大經之玄海，開拓個人「心包太虛，量周沙界」的廣大心量，且可因此泯除時間、空間、人我、物我對立的界隔，自創天地無限開闊、人我一體、物我相生、法我一如的豐「富」而尊「貴」人生！明此，便可理解為何卷帙繁多的《華嚴經》之所以受到歷代祖師大德與在家信眾的喜愛、尊

1　指般剌蜜帝譯《大佛頂如來密因修證了義諸菩薩萬行首楞嚴經》，《大正新脩大藏經》第十九冊（臺北：新文豐出版公司，1996年），頁106b-155b。

2　《華嚴經》漢譯本有三，流通最廣的是實叉難陀譯《大正藏‧大方廣佛華嚴經》（八十卷）第十冊，頁1a-442c。另二譯本為佛陀跋陀羅所譯的《六十華嚴》與般若所譯的《四十華嚴》。參見劉貴傑：《華嚴宗入門‧第二章《華嚴經》的譯本》（臺北：東大圖書公司，2002年），頁13-16。

3　參見釋星雲：《中國佛教經典寶藏精選白話版華嚴學‧總序》（臺北：佛光文化事業有限公司，1997年），頁1。

4　「十玄」又稱「十玄門」，為華嚴宗重要的學說，立此十門以闡明法界圓融、事事無礙、相即相入、無盡緣起的玄義。又分「新十玄」與「古十玄」，參見藍吉富主編《中華佛教百科全書》第二冊（臺南縣：中華佛教百科文獻基金會，1994年），頁243-245。

5　華嚴宗重要教義之一，指總相、別相、同相、異相、成相、壞相。闡明一切緣起事物皆具此六相，六相彼此既相反又相成，融通無礙。同上註，第三冊，頁1121-1122。

崇，且成為流通最廣的佛經之一。[6]本文即以當代佛教教育家曉雲法師[7]（1912-2004）為例，剖析《華嚴經》經教對她個人修行與弘化志業，乃至畫藝創作的影響。

法師於四十七歲現僧相（1958），未出家前先是醉心於禪宗的話頭公案，且因孤高個性使然，早在民國三十年前後，就預計後半生要做一名「深山一個洞，足以安坐而有餘」的自了漢[8]；及至民國四十年（1951）冬，結束印度遊學返僑居地香港，不久親教天臺四十四代祖師倓虛老和尚（1875-1963），與聞《法華經》[9]經筵，與定西法師（1895-1962）《普賢行願品》[10]法筵，乃開始鑽研大乘經論，如《法華經》、《華嚴經》、《般若經》[11]與《摩訶止觀》[12]等，遂回小向大，無論在個性心境與修行法門皆有一百八十度之轉變，從而間接影響其後續教育志業與畫藝創作之展現。[13]

雖然法師出家後依止天臺宗倓虛老法師座下，但她並不因此劃地自限，對於宗門教下重要典籍皆用心參研，而主張萬法唯心、法界緣起與理事無礙的《華嚴經》便是她極度推崇且信受奉行的法典。在寫於一九五八年的〈慧命之源華嚴

6　佛門中人有云：「不讀《華嚴》，不知佛家之富貴！」

7　以下行文凡不具名而直稱「法師」者，即指曉雲法師。

8　釋曉雲：《三山行跡》（臺北：原泉出版社，1998年），頁75。

9　鳩摩羅什譯：《大正藏・法華經》第九冊，頁1a-62b。

10　三藏般若譯：《大正藏・入不思議解脫境界普賢行願品》第十冊，頁844b-848b。

11　鳩摩羅什譯：《大正藏・摩訶般若經》第八冊，頁217a-424a。

12　智顗：《大正藏・摩訶止觀》第四十六冊，頁1a-140c。

13　參閱陳秀慧撰：〈回小向大——倓虛法師對曉雲法師的影響〉，《華梵人文學報》第三期（2004年），頁195-225。

經──隨喜讚歎影印大乘經〉一文中，她稱美該經義理豐富，其思想內容主要在說明法界因果之理與修因感果之法；另一方面，又記載世尊成道之過程，為學人履道進德的實際指南，乃佛教事理雙詮之綱領。[14]法師認為大乘佛教無我利他、勇猛精進的積極人生哲理，在《華嚴經》中表露無遺；「從大我思想之積極發展，由心思之體會而發夫行為實踐，若博若約，都於是經得到條理闡明。」[15]正因為該經善於詮釋大乘佛教之法脈，是以她主張無論任一宗派之佛法，都宜參究華嚴「一真法界」為開、合之始終關竅。

（二）研究動機、宗旨

當今學者對法師佛學思想的研究向度，多聚焦在天臺法華思想之區塊[16]，然展閱法師的論著，發現在其出家前後的撰作中，援引《華嚴經》經文或教理的篇章為數不少，尤其是在《島嶼歲月》、《環宇周行散記》、《四時散記》與《淨苑隨筆》等四書中屢見不鮮。這四本書係收錄自一九五一年冬迄一九六三年冬，法師自印返港，以至環宇周行（1956-1958）後，依止倓虛老法師在香港弘化的心路歷程、日記隨筆與對文化、教育、藝術之深刻省思。法師生前常引佛門古

---

14 釋曉雲：《佛學散論》（臺北：原泉出版社，1998年），頁217-222。

15 同上註，頁219。

16 參閱胡健財：〈曉雲法師天臺法華思想之研究〉與王鳳珠：〈曉雲法師對法華經的闡釋〉。收錄於《第四屆法華思想與天臺佛學研討會會議論文集》（臺北：中華民國現代佛教學會、臺灣大學佛學研究中心、南華大學宗教學研究所，2008年5月3、4日）。

德偈語:「超倫每效高僧行,得力難忘古佛經。」以惕勵從學弟子,本文期望透過客觀檢視《華嚴經》經教對法師之影響,一方面有助於瞭解法師自行化他的修道歷程、心力來源,對經教義理之體悟詮釋與實踐的軌跡,以印證前賢「得力難忘古佛經」的修行心語。二方面,則有助後學者見賢思齊,從法師深入經藏、精進修持的即身示教,掌握《華嚴經》的理趣與行持的門徑,從而悠遊華嚴教海,飽嚐無窮法益,印證「超倫每效高僧行」之說。

(三)研究材料、方法

本文以法師所著《島嶼歲月》、《環宇周行散記》、《四時散記》、《淨苑隨筆》等四書,與《華嚴經》〈淨行品〉[17]、〈明法品〉[18]、〈普賢行願品〉為主要研究材料,而以相關論著為輔。〈淨行品〉係詳述大乘行者於日常生活、眼見耳聞之緣務中,如何善用其心,隨時興發度生之清淨願,以獲一切勝妙功德,於一切法自在無礙,能為眾生所依止之導師。[19]〈明法品〉則針對已入菩薩正位,為諸佛攝受,志求佛果的大菩薩所開演的「疾與如來功德平等」的次第行法。[20]〈普賢行願品〉則闡述欲成就如來功德所應修習的十種廣大行願——即普賢菩薩十大願:一者禮敬諸佛、二者稱讚如來、三者廣修供養、四者懺悔業障、五者隨喜功德、六者請轉法

---

17 同註2,頁69b-72a。
18 同註2,頁95a-99a。
19 同註2,頁69-70。
20 同註2,頁95。

輪、七者請佛住世、八者常隨佛學、九者恆順眾生、十者普
皆回向。

　　本文採文獻分析法進行研究：首先將上述四本著作中有
關《華嚴經》之引文或教理之論述，一一蒐羅條列，再據以
進一步分析、歸納《華嚴經》經教對法師個人修行與弘化的
影響為：（一）行持之軌則、（二）禪觀之輔助與（三）悲願
之興發。而後，徵引佐證資料，按照此三子題依序闡述之。

二　《華嚴經》對曉雲法師宗教行持與弘化志業的影響

　　目前所見法師自述與《華嚴經》結緣的最早時間為民國
四十年（1951），因親教倓虛老法師之故得識定西法師，並聽
其開講〈普賢菩薩行願品〉。在〈香島法緣〉文中，法師自
云：

> 　　自一九五一年從印度回僑居地時，即親近東北三老之
> 法緣，從而依止倓公恩師，奠定一生向佛之最堅穩的
> 法門。回憶法味深純的《法華・安樂行品》，聽經數月
> 餘，隨後又聽定西長老的〈普賢菩薩行願品〉（稍後聽
> 樂果長老的《金剛經》）。由於聞法之薰陶，便思[21]掩
> 關「思修」，於是摒絕諸緣，靜居於沙田郊區，寬敞的
> 「慈航淨院」的關房。[22]

---

21 原文「是」字疑為「思」字之誤植。
22 釋曉雲：《島嶼歲月》（臺北：原泉出版社，1998年），頁383。

　　由於聽聞大乘經筵，法師「深感往日祇知參話頭，而乏[23]究書籍之失當，恍然若失，於是閱藏之心嚮往不已。」[24]從而促成其閉關潛學用功之舉。當時法師所研讀之經論，主要有：《法華經》、《華嚴經》、《楞伽經》[25]、《般若經》、《摩訶止觀》；並及祖師法語，如：《憨山大師年譜》[26]、《虛雲老和尚法彙》與《牧牛圖頌》[27]等。而其行門則轉歸天臺教觀解行並重與禪淨雙修。[28]

　　至於法師在公開場合援引《華嚴》經教義理之例，首見其民國四十一年（1952）秋〈與雲門青年談學佛的方法〉[29]一文中：

　　　　我們用心思究佛陀一生所行的教育方針，四十九年所演論之方式和進度之方案，其中有許多方便善巧的設施；根據人類心理學和人生基本之心理弱點，以智愚不拘之態度巧設譬喻，盡了最大的悲心來教化人類。……單就佛說教四十九年而言，三藏十二部經中

---

23 原文「乏」字誤植為「多」。

24 同註22，頁47。

25 求那跋陀羅譯：《大正藏・楞伽阿跋多羅寶經》第十六冊，頁480a-514b。

26 藍吉富主編：《禪宗全書》第五十一冊（臺北：文殊出版社，1988年），頁792-824。

27 同上註，第三十二冊，頁647-700。

28 釋曉雲：《淨苑隨筆・前言》（臺北：原泉出版社，2003年），頁4。

29 文末所附日期為「一九五一年秋」，當為「一九五二年秋」之誤，因法師返港年份為「一九五一年冬」。

的「一始一終」，就是《華嚴經》與《遺教經》[30]，在這二經中引出幾句，來結論我們今日想要研究的重心——「云何得無過失身語意業？……云何得智為先導？……云何得眾生為炬、為照、為普照？……云何無畏如獅子？所行清淨如滿月」，這是教人對生活行為之檢討，進而協助他人邁向光明大道，而走完人生之途徑。[31]

法師在該次談話中，強調佛法與學問二者的關係：學問為表揚真理之方式或工具，而智慧之薰修培養才是學問之本質；前者是事、後者是理，亦即華嚴「理事無礙觀」之行法。[32]學佛人首重慧命之開拓，而慧命之開拓奠基於修身立德之學問，是以儒教之仁義教化與佛教之淨業薰修皆為智慧之人行藏所依。法師援引《華嚴經・淨行品》之經文，以說明學人如何透過身口意三業之淨化，開啟內明智力，進而為眾生之依恃善導。

綜觀法師與《華嚴經》之法緣，肇始於聽講〈普賢菩薩行願品〉，繼而研習《華嚴經》教義，並於出家前後以《華嚴經》為日課與禪觀之輔助，於自受用法益之同時，亦藉論著、開示講演與畫藝創作，弘揚華嚴一真法界、事理圓融之教義並勗勉學人效學普賢十大願王發心立願。底下即按「行

---

30 鳩摩羅什譯：《大正藏・佛垂般涅槃略說教誡經》第十二冊，頁1110c-1112b。

31 同註28，頁4-5。

32 同註28，頁2。

持之軌則」、「禪觀之輔助」與「悲願之興發」等三子題，闡
述《華嚴經》對法師個人修行與弘化之影響。

（一）行持之軌則

根據上述法師聽聞定西法師《華嚴經》法筵與於公開講
話中援引《華嚴》經教的時間（1952），可推測從民國四十
一年起，法師即用心於《華嚴經》教理之研索。而從下列諸
引文中，可清楚看出《華嚴經》中之〈淨行品〉、〈明法品〉
與〈普賢行願品〉儼然成為法師出家前後，逾十年間，個人
日課行持之軌則。在〈讀華嚴經明法品〉（1956）文中，法師
回憶：

> 二十餘年前聽講《壇經》[33]、《金剛經》[34]、《心經》
> [35]，初習禪定，故不知研誦《華嚴》，未能領略法
> 味。近年始讀誦《華嚴經》〈淨行品〉、〈明法品〉、
> 〈普賢行願品〉。此三品似重修持，而實蘊含甚深理
> 趣。[36]

環宇周行[37]前後，法師似特鍾情於上述三品經文之誦持

---

33 宗寶：《大正藏・六祖大師法寶壇經》第四十八冊，頁347c-362b。

34 鳩摩羅什譯：《大正藏・金剛經》第八冊，頁748c-752c。

35 玄奘譯：《大正藏・般若波羅蜜多心經》第八冊，頁848a-848c。

36 同註22，頁90。

37 法師於民國四十五年（1956）農曆四月初十啟程，展開為期三十多個
月，參方行旅二十多國的環宇周行。此行主要為諮詢參考世界著名學
府、文教機構，以為日後出家獻身佛教教育之參考。詳見陳秀慧：《曉

默識。民國四十五年（1956）孟春，法師有如下之隨筆：「早
茶後，本擬續寫未完成的〈心痕〉，但先看《華嚴經》，隨
又寫〈明法品〉的經義四頁，近覺每觸及佛經如孩提見
母。」[38]大概是華嚴法乳的妙味無窮，讓渴仰大法的法師如
饑得食、孺慕不已！而法師在環宇周行期間，更珍重於行囊
中攜帶了《華嚴經》之〈淨行品〉、〈明法品〉與〈普賢行願
品〉三品合刊本，藉以早晚課誦禮拜，作為暮鼓晨鐘之自我
警策[39]；「無論行止何處（即海上船中、飛行空中）亦必每日
虔誦默想經中義理，藉此以作旅中煩擾生活之指南，竊謂
《華嚴經》當流布於末法時代中，實有助於人們之淨行
啊！」[40]而從下列引文中，更可具體看出《華嚴》經教在該
時期，對於旅途勞頓、不避人事繁擾的法師所發揮的「以願
堅行」、「安頓身心」，與「巧把塵勞化佛事」的妙用：

> 余生平歲月多傍征途——一九五一年冬，自天竺返
> 港，今夏又計遠行；擬度西半球觀摩彼邦文化，以資
> 佐勝妙法輪之推進。首程過峴，旅次月餘，若對藝術
> 之真善美，能爐冶於微有宣揚，亦無異〈普賢行願
> 品〉中「常隨佛學」之願矣。顧緣務人事之繁涉，時
> 以有感於道心，則無論事忙逼迫，而晨間午夜必晤對

雲法師教育情懷與志業》（臺北：萬卷樓圖書股份有限公司，2006年），
　頁29。
38　同註28，頁68。
39　同註14，頁217。
40　同註22，頁363。

《華嚴》一卷,冀藉我佛慈護垂憫,悟契「息意忘緣,不與諸塵作對」,猶行空天馬,何礙周旋,此余于旅中之常禱也。[41]

民國四十六年(1957)元旦,法師旅居美東,當時有某華裔女留學生問她是否天天念經?念什麼經?是否天天念同樣的經?法師答道:「本來佛教中有天天一樣的經課,但我卻有自己研習的經,往往找到幾句或一段,每晨誦念,閒則多誦念幾段,不閒則少至如四句,亦必不廢的。」[42]隨即又應該生之請,講述她最常誦念的四句出自〈明法品〉的經文:「云何無畏如師子,所行清淨如滿月;云何修習佛功德,猶如蓮花不著水。」[43]及其意涵。而從法師對該女生解釋此四句偈的內容看來,可以感受到若非平日用心體悟實踐,否則難有如此親切平實之見地,謹引述其文如下:

如果我們所行所作皆清淨而無所缺憾,正如月滿之光之圓整,則你將會一切的出處安居,無有侵害及無畏怯,能獨行獨立且如獅子之行,眾獸群避。第三至第四句,則謂:如果能勤修持佛的慈悲智慧的普渡眾生的功德,和好像蓮華的不染坊不沾水,自愛自潔,清淨而無罪咎就是等如得修佛之功德了。[44]

---

41 釋曉雲:《寰宇周行散記》(臺北:原泉出版社,1998年),頁20-21。
42 同上註,頁250-251。
43 同註2,95c。
44 同註41,頁251。

　　法師對〈明法品〉似乎情有獨鍾！環宇周行期間，她從不間斷讀誦該品，不僅每晨陳經於案，恭敬禮拜，並常閉戶趺坐、誦閱參究；一旦默契經中奧旨，則法喜盈溢，雖置身繁華之西歐都市，卻彷如安處清淨蘭若之地。[45]民國四十七年（1958）冬，法師如願圓滿環宇周行，並依原訂計畫於印度落髮易服，待返港後再請求依止倓虛老法師座下。出家後的法師對律己之學行更加嚴謹，在〈環宇周行後感〉（1959）中，法師提及佛法不離世間法，她在萬類繽紛的法門中，選定教育、文化與福利事業為入世三個門路，而若想在這三個門路如法地進行、無人為過咎，則需參酌《華嚴經・明法品》「自修習增長慧利」之義，法師認為該品經文很有步驟地指導處事與為人的道理，她更肯定：「其實，無論任何人，對於自己的修持和約束自學，是最安全而美好的生活！」[46]無疑是她多年躬行《華嚴》淨行經教之體悟。

　　復次，受到律宗祖師弘一大師（1880-1942）的精神感召，法師見賢思齊地以〈淨行品〉作為清淨三業、堅固戒德之基。在寫於一九五九年之〈前行之弘一大師〉文中，法師表明因景仰弘一大師「度眾生，那惜心肝剖」的度世之誠、「願代一切眾生，備受眾苦」的無畏悲願與「以戒為師」的律己之嚴，是以衷心願意效學弘一大師倡導《華嚴・淨行》以為行持戒律之門徑。當時，出家不久的法師有感於佛法之興衰繫乎佛子是否依教奉行，乃大聲疾呼：「若要佛法興盛，

<hr />

45　同註14，頁218。

46　同註41，頁450。

則佛子當有真修，嚴持淨行，大發悲心。弘法需有『淨行』之德，而後可感格於人。」[47]〈淨行品〉涵蓋個人行持的淨化自度與悲智雙運攝受度化眾生之願行，誠為進一步興發廣大悲願之前方便行。

最後，在〈依佛當學佛〉（1961）文中，法師惕勵自己「既依佛，當學佛，必敬信佛」，故效學普賢菩薩敬佛、信佛，法師每晨必稱念禮敬諸佛，且不只恭敬已成之佛，還須敬重因地之未來佛。法師深體於娑婆五濁惡世，欲「行佛之難行者」，首需具備「智慧內盈，內學湛深」之條件，始有個入處。而三業清淨（淨行）為開顯般若妙智之基石，故法師認為「律己功課及初機共學之人，必以修身立本之經典章句，為自勉勉他、自度度人之軌則而修習之。」[48]當時法師自修常課，每日不離《華嚴經》、《法華經》及《梵網經》[49]之十重戒文（此外則早殿功課亦與其他寺院稍有增減），且經行修觀以返照「自家本來面目」，若遇有益於檢束心身、善導調御於行為之經典（不分大小乘），則發揮繹述，以收教化普度之效，「務使學佛者，先得立穩腳步，做個真正的學佛者，然後才堪稱為佛弟子，庶幾免於獅子身出蟲，於教無補、於人無益之恥辱耳！」[50]此為法師以經教自行化他之初衷與苦心之所在！

47 釋曉雲：《寰宇周行前後》（臺北：原泉出版社，1995年），頁120-122。
48 同註28，頁111。
49 鳩摩羅什譯：《大正藏·梵網經》第二十四冊，頁997b-1010a。
50 同註28，頁112-113。

（二）禪觀之輔助

　　法師早歲耽禪，直到親炙倓虛法師聞法華妙諦、悟天臺教觀雙彰之旨[51]，從而掩關精研天臺典籍並《華嚴經》等其他大乘經論，遂以天臺止觀禪行取代原本行持的話頭禪，而其修行法門乃從早期不立文字的祖師禪，轉變為藉教悟宗的經藏禪。[52]在《四時散記·夏日散記》（1955）中，法師多次言及她研閱《華嚴》經論的心境與體悟，例如：「閱《金獅子章雲間類解》[53]（華嚴部）內解各節甚詳。」[54]、「想減些閱佛經的時間而料理必須之工作，但當我目光一觸著經典時便很放下了。《華嚴綸貫》[55]有很美妙的句子，錄了二頁。我想，『禪』、『天臺』、『華嚴』都要互為究入。」[56]、「當研錄華嚴部之《金獅子章雲間類解》時，有客來訪，故很勉強才放下。」[57]與「閱《金獅子章雲間類解》，有味，味其三昧義。」[58]

　　法師也曾以《華嚴綸貫》中所引述圭峰宗密祖師：「未明事理，不說有空。」一語自警，並以之作為當時一味談空

51 釋曉雲：《佛學獻詞》（臺北：原泉出版社，1997年），頁381。
52 同註22，頁35-36。
53 〔唐〕法藏撰、〔宋〕淨源述：《大正藏》第四十五冊，頁663a-667a。
54 釋曉雲：《四時散記》（臺北：原泉出版社，2003年），頁122。
55 〔宋〕復菴撰：《卍新纂續藏經》第三冊（臺北：中華電子佛典協會編輯，2007年），頁566b-569a。
56 同註54，頁126。
57 同註54，頁127。
58 同註54，頁128。

說妙、不務實修者之當頭棒喝。[59]而在〈慧命之源華嚴經〉（1958）一文中，法師提及由於研閱徹悟禪師《華嚴經節略要旨》，她領悟需先融通佛理於心，而後於日用云為中依所明之教理起觀行，務期表裡圓明、理事無礙，心學與行為相應，方得學佛之真實法益；她建議學人多參研誦讀《華嚴經》之〈淨行〉、〈明法〉與〈普賢行願〉三品，「使經中義理融貫於心而表現於踐行，在起居飲食、待人接物，乃至一念頃而不遺失，則無論修習何宗，亦必得其門而入，亦必得成己成人、自度度人之願成。」[60]蓋禪悟為佛教宗門之心法，以明心見性、上求下化為宗旨；經教為明教義教理，以自教、自度兼度人為旨趣。教以明宗（禪）之用，宗（禪）以顯教之體，故法師主張宗（禪）教不可分，分則支離不當！[61]

有關法師以《華嚴》經教為禪觀之輔助的事例，以民國四十八年（1959）十二月，法師於香港成立「佛教文化藝術協會」[62]之翌日，因忙碌過甚而偷閒半日，趺坐誦《華嚴經》之〈明法品〉之感悟最為鮮明！法師自云，當時持誦〈明法品〉至「觀一切法，皆無所住，猶如虛空。」[63]時：

> 便默寂，內外定境，定而忘定——一體本然。本

---

59 釋曉雲：《語絲》（臺北：原泉出版社，1999年），頁113。
60 同註14，頁219-221。
61 同註28，頁98-99。
62 同註22，頁469。
63 同註2，頁96b。

然──無缺、無憾。……「觀一切法，皆如虛空。」
因會「先忘一切所有」，然後再見「一切清楚」[64]，但
已會空虛體性。雖觀法界云有，但不著而等覺虛空。
雖一一清楚之現象界中，但無一一之現象，始終不出
於一真法界之真諦妙理，寂而常照，照而常寂
──常寂光中──非空非有……。[65]

　　法師也因此番禪悟而賦〈栖遑〉詩一首，詩云：「栖遑終
日塵埃事，幻化塵中不幻身；夜迴度淨消宿障，兀爾騰騰般
若心。」[66]似頗得華嚴理事無礙之旨趣並符應天臺一心三觀
之妙行！後續隨著法務接踵而至，法師觀機施教，遂由昔日
自學之「禪淨雙修」兼採「教觀並重」之自行化他的修學準
則。在〈宵分後〉（1963秋）一文中，法師很清楚地說明這個
轉變的原因，文中並可看出她對《華嚴》教觀雙美、事理圓
融的推崇：

　　　　昔[67]者律己之功，則禪淨自勵，而於今日紜紜教務，
　　　水月道場，是又內而於外，外學以示範，形形式式，
　　　無字而有字，無形而現形，故教下工夫亦為切要之
　　　用，且以教化育才，必賴教具，而天臺、華嚴二宗之
　　　教法，有修有觀、以顯事理圓融（故自利以修，利他

---

64 為釋定西之開示法語，參見釋曉雲：《島嶼歲月‧晨窗鳥語》，頁377。
65 同註22，頁389-390。
66 同註22，頁389。
67 原文疑誤植「昔」為「自」。

以教)。今之視昔,猶小之視大,非為自大,實不外廣結法緣,要以教門風範,約理示現,故今日之不能於禪淨以自足,猶須利眾之世學始自允矣。[68]

後續法師在〈禪淨與禪教〉(1963冬)一文中,回憶昔日寓居西德時與神學教授等共論佛法;彼等對禪宗之「空」義甚有興趣,惜皆未能契入「空生大覺、空中不空」之妙諦。該次聚會促使法師警覺:爾後與外界人士談「空」之意境時需特別留神,以免墮入頑空。而她個人也且因此對天臺、華嚴之教觀與淨土之行持,益加堅持不捨,從而對禪教相融、禪淨一如有日趨深刻的體會。[69]文末,法師以「徹悟心源後,仍須研教念佛」諄諄告誡有心入佛智海的修行人,當「參禪以求悟,念佛(持咒亦是念佛法門)以薰修,研教以明法,依律以成行」,強調明宗澈悟心源、依律研教念佛是最穩妥安全,「同到如來地」的途徑。[70]

(三)悲願之興發

法師自印返港後(1951),由於受到倓虛與定西兩位天臺法師的善導,與後續閉關潛閱大乘經典,使得原本醉心於禪宗且極度欣賞、耽戀枯木寒岩幽獨生涯的她,便在不知不覺間「回小向大」,「不特不討厭這世界的醜怪多門,而且眷念著這世界的人類⋯⋯我覺得不忍捨棄它們,因此想幹些對它

---

68 同註22,頁423。
69 釋曉雲:《禪話》(臺北:原泉出版社,1998年),頁73-74。
70 同上註,頁75。

們有增益的工作，助它們在生活上過得更有秩序，更有意義。」[71]由於大乘菩薩悲願的興發，出家後的法師，始終抱持「貧衲衣袍三尺闊，度生心量萬千長」[72]的情懷，獻身於佛教教育的志業。

底下謹就法師徵引、開闡《華嚴》經教，鼓勵學人自度度他，興發大悲願之事例，說明如下：

法師於〈讀華嚴經明法品〉（1956）中，言及《華嚴經》〈淨行品〉、〈明法品〉、〈普賢行願品〉，此三品似重修持，而實蘊含甚深理趣。[73]她進一步剖析〈明法品〉之要義在先後兩頌之中：兩頌之第一段，其重點在「於一切法，心無依處」；兩頌之第二段，其重點在「慈悲哀愍遍一切」，詳如下文：

> 「於一切法，心無依處」。所謂心無依，於世無依，心無依處，不出「捨諸世間法，得佛出世法」之義。世間利名煩惱我慢慳嫉，若不放下，何由悟道！故必須破我法二執，力求振拔；則世間法所當捨。我法二執既破，自能拔俗超世，復我本來面目，證得無上菩提，然而這只是自度之事。所以有待「已發一切智心，應離癡暗，精勤守護，無令放逸」；「發大精進，起於正念，生勝欲樂，所行不息」。自能無所著，無退怯，從出世轉而入世，進作哀愍世間，多所饒益、安

---

71 同註41，頁5-6。
72 同註22，頁367。
73 同註22，頁90。

樂、惠利之普度眾生工夫。至於如何「常能說法度眾
生」,「隨眾生心而說法」,乃至「常於有海濟群生」,
「普為成就諸群生」,一歸於「慈悲哀愍遍一切」……
倘能從體起用,證得諸法平等,體用如一,才是「一
切功德皆成就」。[74]

　　法師從上述經文領悟到:志求一乘佛果者,必須具備廣
度有緣眾生之大悲願,而在心佛眾生體性平等無二的般若智
照下,以無緣大慈、同體大悲的心行成就度生的功德。惟度
人之前需先能自度,能「於一切法,心無依處」,對五濁惡世
生起出離心、透過禪教薰修斷我法二執,不被世間名韁利鎖
所困、不為累劫習氣所縛,方具備迴入娑婆度有情之資格。
而在〈讀華嚴經淨行品〉(1956)中,法師首先點出中西方學
術之差異處:西方學術重在求身外之知,東方學術則重在生
活上之實踐。東方學術為成就自覺的智慧生命,法師認為儒
家所講生活之學,一部《論語》足以代表;而佛家講生活之
學,則以《華嚴經‧淨行品》最為具體。她說:

　　〈淨行品〉雖是指點教導佛教徒的生活之學,而實有
　　裨於一般人心行之檢點。它從「菩薩在家」講起,一
　　直到「捨居家時」,「正出家時」,及至「發趾向道」,
　　然後歷敘所可能遭遇之種種,而「洗足」、「寢息」,而
　　「睡眠始寤」,包括了整個的生活──淨行(行,身口

---

74 同註22,頁90-92。

意之造作，即謂生活）。此[75]是其起點，悲智雙修，自他兼度，要在成就有如普賢菩薩之十大行願。[76]

〈淨行品〉正文中言及一百四十一個願，以提撕學人於日常生活中，六根對六塵時，如何善用其心以獲一切勝妙功德；所舉事例大至在家、出家之心態舉止，小至吃飯、穿衣、睡覺之例行瑣事，令學人無時無刻不失悲智雙運之覺照功夫，以助大悲願之興發。〈讀華嚴經淨行品〉文末，法師特別徵引〈淨行品〉經文，說明大乘學人自他兼度的行法：即從一己身語意三業上的淨化下手，得無過失、得不害、得不可毀、得不可壞、得不退轉、得不可動、得殊勝、得清淨、得無染、得智為先導，進而得最勝慧、得止力觀力、得一切善巧，得空、無相、無願，得圓滿六波羅蜜，得斷諸習智力──此屬自度工夫；進而要「多所饒益，多所安穩，哀愍世間、利樂天人」，而「得與一切眾生為依、為救、為歸、為趣、為炬、為明、為照、為勝導、為普導」，方屬度世工夫。強調效學普賢十大行願，一歸自他兼度，才是悲智雙修的大乘佛法。法師肯定學人果能踐行〈淨行品〉正文一百四十一個「當願」所提示的整個生活方式，「如是用心，則獲一切勝妙功德」。

〈雲門二次展後隨感〉中（1959秋），法師勉勵學人對此娑婆世界的歲月之旅要有意義的交代，切莫交白卷！尤其是

---

75 原文疑誤植「此」為「止」。

76 同註22，頁94。

一個已發心立願的佛教徒，不祇具備三明六通，更要開發大悲願力，才會為諸佛菩薩所歡喜！而無論從事任何利樂人群的工作，都不出一個度人的心願，「故學佛之人，必須發願；願以堅行，則可以培養堅固之道心。」[77]此番誨勉自己與學人的心語，很明顯受到《華嚴經‧明法品》所載「令諸如來皆生歡喜」之行法與〈普賢菩薩行願品〉發廣大悲願之影響！而在〈從佛陀的智慧說到普賢菩薩十大願〉（1976）文中，法師推崇普賢菩薩之十大願，「真是獻出全部的生命，為解決人類究竟問題而努力，為眾生的解放而努力（眾生指自己本身的識種與世界上一切生物而言）。」[78]法師指出此十大願，一部分屬於心性修養，為心靈淨化的工夫（先求人與人、人與物皆能各得其所、相安相生）；一部分則重立人度世，大心悲願的行持（進一步希求明心見性、同登極樂）。是以普賢菩薩十大願，可作為學佛修行者生活的提攜與警惕，堪為今日濟世之良藥。[79]最後，在〈華嚴法味〉（1976）文中，法師勉勵處此眾生心靈苦悶，渴求一種精神信仰，以為安頓身心，俾心靈有所歸宿的時代，佛教徒應踐行大乘精神，發大悲心、四弘誓願，念念以饒益眾生為本；法師特別推崇〈淨行品〉中「有饒利眾生發廣大願的攝受勝妙功德」，能令「一切行願皆得具足，於一切法無不自在，而為眾生第二導師。」[80]

---

77 同註22，頁457。

78 同註14，頁44。

79 同註14，頁46-49。

80 同註14，頁152-155。

　　至於法師度生之悲願，則展現在她以儒佛教育思想為本之「覺之教育」理論建構與「僧俗二部並進」教育理想之實踐，箇中無論是教育理論之形塑或教育措施之設置，亦有參酌《華嚴》經教之精神。例如在〈論佛學教育〉文中，法師言及「止於至善」為一切教育之本，善言善行善心有賴好教育之善導，此善法教育論之觀點，重在奠定吾人德行之根基，務求發揮內在之智慧，如《華嚴經》云：「云何得智為先導身語意業？」若能以智慧引導吾人之行為、語言與思想，則福慧不招自至，此即「導眾生之因」而「證諸佛三德」，以臻唯德是依、唯善最樂與唯慧最富之境地。[81]而華嚴「十教儀」與「本末分別門」等觀念，亦影響法師對佛學教育制度之構想。[82]復次，法師所重視的景觀境教設施，亦來自《華嚴經》所謂：「心如工畫師，畫種種五陰。」[83]之啟發，在〈德育三論簡釋〉中，法師論及運用「心如工畫師」之理，讓學人之心攝取美好境界從而妙用思維，反映於三業之清淨，誠具足美育佳果。[84]在〈經藏禪與心靈教育〉一文中，法師則引用《華嚴經・淨行品》：「若見流水，當願眾生，得善意欲，洗除惑垢。若修園圃，當願眾生，五欲圃中，耘除愛草。見無憂林，當願眾生，永離貪愛，不生憂怖。若見園苑，當願眾生，勤修諸行，趣佛菩提。」[85]說明佛經善於以

81　同註22，頁241。

82　同註22，頁242-243。

83　佛陀跋陀羅譯：《大正藏・大方廣佛華嚴經》（六十卷）第九冊，頁465c。

84　同註28，頁120。

85　同註2，頁71a。

藝術意境,引喻自然景物,令人心境得以感格昇華,心體瑩然,智光朗照。她呼籲此明淨身心之教化,誠值得世界各地具崇高教育理想者之參考,更推崇佛經中之藝術境教為完人教育之寶典與人格教化之木鐸。[86]

最後,獻身佛教教育的法師,出家後仍假翰墨為度生之方便因緣,在其畫作中不乏與《華嚴經》有關之題材,例如:〈捨居家時〉[87]、〈慧炬〉(1968)[88](《華嚴經》經變圖)、〈大海十相〉(1988)[89]、〈云何修習佛功德〉[90]、〈若見高山〉[91]、〈廣度眾生猶如橋樑〉[92]與〈不動如山智如海〉(2000)[93]等,可視為《華嚴經》對法師畫題之開拓與畫境之提昇的具體影響。

---

86 釋曉雲:《禪思》(臺北:原泉出版社,1998年),頁215-217。

87 取材自〈淨行品〉:「捨居家時,當願眾生,出家無礙,心得解脫。」同註2,頁70a。參見釋曉雲:《曉雲山人五十九畫齡回顧展專輯》(臺北:原泉出版社,1988年),頁95。

88 取材自〈淨行品〉:「云何得與一切眾生,為依為救,為歸為趣,為炬為明,為照為導,為勝導為普導。」同註2,頁69c。參見釋曉雲:《曉雲山人六十四畫齡回顧展專輯》(臺北:原泉出版社,1994年),頁88。

89 《華嚴經》以大海十相,譬十地菩薩修行,經云:「何等為十?一、漸次深;二、不受死屍;三、餘水失本名;四一味;五、多寶;六、極深難入;七、廣大無量;八、多大身眾生;九、潮不失時;十、能受一切大雨無有盈溢。」同註36,頁575b。

90 典出〈明法品〉:「云何修習佛功德,猶如蓮華不著水。」同註2,頁95c。

91 典出〈淨行品〉:「若見高山,當願眾生,善根超出,無能至頂。」同註2,頁70c。

92 典出〈明法品〉:「廣度眾生,猶如橋梁。」同註2,頁96c。參見釋曉雲:《曉雲山人五十九畫齡回顧展專輯》,頁110。

93 典出〈明法品〉:「不動如山智如海,亦如大雨除眾熱。」同註2,頁99a。參見釋曉雲:《曉雲山人七十一畫齡回顧展專輯》,頁61。

三　結論

　　雖然法師出家後依止天臺宗倓虛老法師座下，修行法門由原先耽於禪宗不立文字的祖師禪轉變為天臺教觀並重的經藏禪，但她並不因此劃地自限，對於宗門教下重要典籍皆用心參究，而在大乘經論中，主張萬法唯心、法界緣起與理事無礙的《華嚴經》便是她極度推崇且信受奉行的法典。

　　從本文之論述可證知《華嚴經》對法師出家前後十多年間之宗教行持，與後續弘化志業乃至畫藝創作的深切影響，尤其是〈淨行品〉、〈明法品〉與〈普賢行願品〉更成為其當年日課與行持之軌則、禪觀之輔助與興發度生大悲願之助緣，並因此奠定其日後自行化他之堅固基石。

　　而透過法師的即身示教，不僅印證了古德：「超倫每效高僧行，得力難忘古佛經。」的提攜心語，也隱然開顯出〈淨行品〉、〈明法品〉與〈普賢行願品〉此三品經文的關係與箇中的法益：唯身口意三業「淨行」之人，才有機緣開拓內明智慧，「明」無緣大慈、同體大悲之一乘妙「法」，從而興發一如「普賢菩薩」之泯除人我、超越時空，無有間斷、無有疲厭、無有窮盡之度生大「行願」。法師從經典中向諸佛菩薩們學習，從佛門高僧大德中見賢思齊，於自受用法益後，更期勉後繼者亦能如是依教奉行，以開發自家性分中悲智德能，興發無畏的度生大願，從而能以充沛的心力、穩健的步伐，朝成佛之道勇往直前！

參考文獻

一　釋曉雲論著（臺北：原泉出版社）

1. 釋曉雲（1988）　　《佛語垂光》上、下冊。
2. 釋曉雲（1988）　　《曉雲山人五十九畫齡回顧展專輯》。
3. 釋曉雲（1992）　　《佛教教育散論》。
4. 釋曉雲（1992）　　《佛學散論》再版。
5. 釋曉雲（1994）　　《中國畫話》。
6. 釋曉雲（1994）　　《印度藝術》。
7. 釋曉雲（1994）　　《拓土者的話》。
8. 釋曉雲（1994）　　《曉雲山人六十四畫齡回顧展專輯》。
9. 釋曉雲（1995）　　《華岡緣影錄》。
10. 釋曉雲（1995）　　《環宇周行前後》。
11. 釋曉雲（1997）　　《佛教論文集》。
12. 釋曉雲（1997）　　《佛學演講集》。
13. 釋曉雲（1997）　　《佛學獻詞》。
14. 釋曉雲（1997）　　《開示錄》。
15. 釋曉雲（1998）　　《三山行跡》。
16. 釋曉雲（1998）　　《佛教教育講話》。
17. 釋曉雲（1998）　　《佛禪之源》。
18. 釋曉雲（1998）　　《佛學散論》三版。

19. 釋曉雲（1998）　《東西南行散記》。

20. 釋曉雲（1998）　《島嶼歲月》。

21. 釋曉雲（1998）　《清哦集》。

22. 釋曉雲（1998）　《現代經變圖》。

23. 釋曉雲（1998）　《教育・文化》。

24. 釋曉雲（1998）　《禪思》

25. 釋曉雲（1998）　《禪話》。

26. 釋曉雲（1998）　《環宇周行散記》。

27. 釋曉雲（1998）　《覺之教育》。

28. 釋曉雲（1998）　《覺之教育講話》。

29. 釋曉雲（1998）　《讀晚明諸師遺集》。

30. 釋曉雲（1999）　《泉聲》第一輯。

31. 釋曉雲（1999）　《語絲》。

32. 釋曉雲（2000）　《三年文集》。

33. 釋曉雲（2000）　《曉雲山人七十一畫齡回顧展專輯》。

34. 釋曉雲（2003）　《四時散記》。

35. 釋曉雲（2003）　《淨苑隨筆》。

36. 釋曉雲（2005）　《三山行跡》再版。

二　專書

1. 于凌波（1999）　《簡明佛學概論》。
臺北：東大圖書公司。

2. 于凌波（1999）　《中國近代佛門人物誌第五集》。
臺北：慧炬出版社。

3. 王文俊（1983）　《人文主義與教育》。
臺北：五南圖書出版公司。

4. 丹尼爾　高曼（Daniel Goleman）撰、張美惠譯（2003）。
《破壞性情緒管理》。
臺北：時報文化出版公司。

5. 李亞白等（2000）　《華梵佛學研究所二十周年紀念專輯》。
臺北：原泉出版社。

6. 李安德著、若水譯（1992）　《超個人心理學》。
臺北：桂冠圖書公司。

7. 李蕭錕（2009）　《曉雲導師禪畫》。
臺北：華梵護持委員聯誼會。

8. 岑學呂（1986）　《虛雲老和尚年譜法彙》增訂本。
臺北：大乘精舍出版。

9. 林玉體（1995）　《西洋教育思想史》。
臺北：三民書局。

10. 林朝成、郭朝順（2000）　《佛學概論》。
臺北：三民書局。

11. 柏拉圖等著、廖運範譯（1991）　《教育的藝術》。
臺北：志文出版社。

12. 拾慧（1997）　《清涼法語 —— 上曉下雲導師開示錄》（一）。華梵月刊。

13. 拾慧（2000）　《清涼法語 —— 上曉下雲導師開示錄》（二）。華梵月刊。

14. 唐一玄編（1993）　《虛雲來果禪師禪七開示錄》。
臺北：一玄老人全集編輯委員會。

15. 馬遜等（1998）　《曉覺禪心──曉雲法師書畫集》。
臺北：國立歷史博物館。

16. 馬遜（2005）　《緣繫大崙》。
臺北：華梵大學。

17. 國立歷史博物館編輯委員會編（1998）　《曉覺禪心──
曉雲法師書畫集》。
臺北：國立歷史博物館。

18. 翁瑟華等（1989）　《許杉勇大居士紀念專刊》。
臺北：華梵護持委員編印。

19. 郭慶藩輯（1979）　《莊子集釋》。
臺北：華正書局。

20. 陳迺臣（1997）　《教育哲學導論》。
臺北：心理出版社。

21. 曾昭旭（1989）　《論語的人格世界》。
臺北：漢光文化事業公司。

22. 程兆熊等（1996）　《園林思想》。
臺北：原泉出版社。

23. 雲門學園編印（2002）　《倓虛大師紀念堂成立》特刊。
臺北：原泉出版社。

24. 雄獅中國美術辭典編輯委員會主編（1989）　《雄獅中
國美術辭典》。
臺北：雄獅出版社。

25. 劉真著、司琦編（1990）　《劉真先生文集》。
臺北：臺灣商務印書館。

26. 劉貴傑（2002）　《華嚴宗入門》
臺北：東大圖書公司。

27. 曉雲導師圓寂讚頌委員會製（2004）　《般若禪行者上
曉下雲導師示寂追思紀念》。
臺北：原泉出版社。

28. 錢穆（1993）　《中國學術通義》。
臺北：臺灣學生書局。

29. 龜川教信著、釋印海譯（1997）　《華嚴學》
高雄：佛光文化事業有限公司。

30. 藍吉富主編（1988）　《禪宗全書》
臺北：文殊出版社。

31. 魏思綺等（1994）　《慧像》。
臺北：原泉出版社。

32. 釋玉琳等（2001）　《佛門必備課誦本》。
臺北：佛陀教育基金會出版。

33. 釋如石（2001）　《現代大乘起信論》。
南投：南林出版社。

34. 釋恆清（1995）　《菩提道上的善女人》。
臺北：東大圖書公司。

35. 釋省庵撰著、釋諦閑述（1982）　《勸發菩提心文講
義》。
臺中：臺中蓮社印行。

36. 釋倓虛口述、釋大光記述（1990）　《影塵回憶錄》。
臺北：原泉出版社。

37. 釋修慈等（1980）　《風送蓮香——蓮華學佛園十周年
紀念特刊》。
臺北：原泉出版社。

38. 釋修慈等（1990） 《花開蓮現——蓮華學佛園二十周年紀念特刊》。
臺北：原泉出版社。

39. 釋修慈等（2000） 《蓮華學佛園三十周年誌慶》。
臺北：原泉出版社。

40. 釋修慈等（2005） 《雲山依舊映我心——曉雲導師圓寂週年紀念專輯》。
臺北：蓮華學佛園編輯委員會編印。

38. 釋常慧（2004） 《聖嚴法師佛教教育理念與實踐》。
臺北：法鼓文化公司。

41. 釋福善記錄、釋福徵述疏（1984） 《憨山大師年譜疏註》。
臺北：老古文化事業公司。

42. 釋福善筆錄（1992） 《憨山老人夢遊集》。
臺北：新文豐出版公司。

43. 釋諦閑（1975） 《大乘止觀述記》。
臺北：新文豐出版公司。

44. 釋曉雲等（1989） 《華梵月刊建校特輯》。
臺北：華梵雜誌社。

45. 釋曉雲等（1990） 《華梵佛學研究所十週年紀念特刊》。
臺北：華梵佛學研究所。

46. 釋曉雲等（1990） 《華梵工學院創校史》。
臺北：華梵工學院公共關係室編印。

47. 釋曉雲作詞、黃友棣、李中和作曲（1990） 《華梵歌曲集》（一）。
臺北：華梵工學院。

三 經論注疏

（一）《大正新脩大藏經》，1983 年，臺北：新文豐出版公司。

1. 支法度 《佛說善生子經》一卷 冊1。

2. 不空 《仁王護國般若波羅蜜多經》二卷 冊8。

3. 不空 《金剛頂瑜伽中發阿耨多羅三藐三菩提心論》一卷 冊32。

4. 玄奘 《般若波羅蜜多心經》一卷 冊8。

5. 玄奘 《解深密經》五卷 冊16。

6. 玄奘 《大唐西域記》十二卷 冊51。

7. 玄覺 《永嘉證道歌》一卷 冊48。

8. 求那跋陀羅 《楞伽阿跋多羅寶經》四卷 冊16。

9. 佛陀跋陀羅 《大方廣佛華嚴經》六十卷 冊9。

10. 宗寶 《六祖大師法寶壇經》一卷 冊48。

11. 〔唐〕法藏撰、〔宋〕淨源述 《金獅子章雲間類解》一卷 冊45。

12. 般刺蜜帝 《大佛頂如來密因修證了義諸菩薩萬行首楞嚴經》十卷 冊19。

13. 智旭 《彌陀經要解》一卷 冊37。

14. 智旭 《教觀綱宗》一卷 冊46。

15. 智顗 《摩訶止觀》十卷 冊46。

16. 智顗 《修習止觀坐禪法要》（一名《童蒙止觀》，亦名《小止觀》）一卷 冊46。

17. 智顗 《六妙門》一卷 冊46。

18. 道宣　《淨心戒觀法》二卷　冊45。

19. 鳩摩羅什　《大智度論》一百卷　冊25。

20. 鳩摩羅什　《中論》四卷　冊30。

21. 鳩摩羅什　《佛垂般涅槃略說教誡經》一卷　冊12。

22. 鳩摩羅什　《妙法華經》七卷　冊9。

23. 鳩摩羅什　《梵網經》二卷　冊24。

24. 鳩摩羅什　《金剛般若波羅蜜經》一卷　冊8。

25. 鳩摩羅什　《維摩詰所說經》三卷　冊14。

26. 鳩摩羅什　《摩訶般若波羅蜜經》二十七卷　冊8。

27. 實叉難陀　《大方廣佛華嚴經》八十卷　冊10。

28. 慧遠　《大乘義章》二十卷　冊44。

29. 曇無密多　《觀普賢菩薩行法經》一卷　冊9。

30. 曇無讖　《金光明經》四卷　冊16。

31. 曇摩伽陀耶舍　《無量義經》一卷　冊9。

32. 不詳　《神僧傳》九卷　冊50。

（二）《卍新纂續藏經》，2005 年，臺北：中華電子佛典協會編輯。

1. 大佑　《淨土指歸集》二卷　冊61。

2.〔宋〕復菴《華嚴經綸貫》一卷　冊3。

3. 智旭　《八識規矩直解》一卷　冊55。

（三）《十三經注疏》，1993 年，臺北：藝文印書館。

1. 韓康伯注、孔穎達疏　《周易正義》　冊1。

2. 何晏注、邢昺疏　《論語注疏》　冊8。

3. 何晏注、邢昺疏　《論語注疏》　冊8。

4. 何晏注、邢昺疏　《論語注疏》　冊8。

5. 何晏注、邢昺疏　《論語注疏》　冊8。

6. 趙歧注、孫奭疏　《孟子注疏》　冊8。

7. 趙歧注、孫奭疏　《孟子注疏》　冊8。

8. 鄭元（玄）注、孔穎達疏　《禮記注疏》　冊8。

9. 鄭元（玄）注、孔穎達疏　《禮記注疏》　冊8。

10. 鄭元（玄）注、孔穎達疏　《禮記注疏》　冊8。

四　研討會論文／集

1. 王鳳珠（2008）　《第四屆法華思想與天臺佛學研討會論文集・曉雲法師對法華經的闡釋》
臺北：中華民國現代佛教學會、臺灣大學佛學研究中心、南華大學宗教學研究所。

2. 胡健財（2008）　《第四屆法華思想與天臺佛學研討會論文集・曉雲法師天臺法華思想之研究》
臺北：中華民國現代佛教學會、臺灣大學佛學研究中心、南華大學宗教學研究所。

3. 高柏園（1992）　《第七屆國際佛教教育研討會專輯・佛教教育中的終極關懷與現實關懷》。
臺北：原泉出版社。

4. 高柏園（2000）　《第三屆師法自然淨化人心學術與實務研討會論文集・中國自然教育的傳統智慧及新方向》。
臺北：華梵大學工業管理系所。

5. 高柏園（2000） 《華梵大學覺之教育學術研討會論文集・覺之教育的理論根據及治療意義》。
臺北：華梵大學人文教育研究中心。

6. 陳娟珠（2003） 《天臺學會第五屆研討會論文集・天臺宗的傳承——以曉雲法師的教學為中心》。
臺北：華梵大學。

7. 賴賢宗（2000） 《華梵大學覺之教育學術研討會論文集・覺之教育與人文精神：以唐君毅哲學關於人文精神之重建的闡釋為例》。
臺北：華梵大學人文教育研究中心。

8. 釋仁朗（2004） 《曉覺禪心——曉雲山人藝文哲思研討會論文集・「今春好，去歲綿綿」一探曉雲法師「曉覺禪心」世界》。
臺北：華梵大學美術系。

9. 釋仁朗（2005） 《華梵大學創辦人曉雲法師圓寂週年紀念暨第六屆天臺宗國際學術研討會論文集・法乳千秋——曉公雲師書畫思想與精神之窺探》。
臺北：華梵大學東方人文思想研究所、華梵佛學研究所。

10. 釋修慈（2005） 《創辦人曉雲法師圓寂週年紀念暨第六屆天臺宗國際學術研討會論文集・口述歷史——我與曉公導師的因緣》。
臺北：華梵大學東方人文思想研究所、華梵佛學研究所。

11. 華梵佛學研究所編（1982） 《第一、二屆佛教教育研討會專輯合刊》。
臺北：華梵佛學研究所。

12. 華梵佛學研究所編（1983） 《第三屆國際佛教教育研討會專輯》。
臺北：華梵佛學研究所。

13. 華梵佛學研究所編（1984） 《第四屆國際佛教教育研討會專輯》。
臺北：華梵佛學研究所。

14. 華梵佛學研究所編（1986） 《第五屆國際佛教教育研討會專輯》。
臺北：華梵佛學研究所。

15. 華梵佛學研究所編（1989） 《第六屆國際佛教教育研討會專輯》。
臺北：華梵佛學研究所。

16. 華梵佛學研究所編（1992） 《第七屆國際佛教教育研討會專輯》。
臺北：華梵佛學研究所。

17. 華梵佛學研究所編（1994） 《第八屆國際佛教教育研討會專輯》。
臺北：華梵佛學研究所。

18. 華梵佛學研究所編（1995） 《第九屆國際佛教教育研討會專輯》。
臺北：華梵佛學研究所。

19. 華梵佛學研究所編（1996） 《第十屆國際佛教教育研討會專輯》。
臺北：華梵佛學研究所。

20. 國際佛教教育文化研討會編輯組編（1999） 《第十一

屆國際佛教教育文化研討會專輯》。

臺北：華梵大學。

21. 國際佛教教育文化研討會編輯組編（2002）　《第十二屆國際佛教教育文化研討會專輯》。

臺北：華梵大學。

五　期刊論文

1. 陳秀慧（1995）　〈禪行攝養與自我管理〉，《華梵學報》　Vol.3　1：35-42。

2. 陳秀慧（2004）　〈回小向大——倓虛法師對曉雲法師的影響〉，《華梵人文學報》　3：195-225。

3. 陳秀慧（2005）　〈曉雲法師佛教教育理論與實踐〉，《華梵人文學報》　4：189-231。

4. 陳秀慧（2006）　〈曉雲法師教育情懷的開展與映現〉，《華梵人文學報》　6：123-148。

5. 陳秀慧（2009）　〈《華嚴經》對曉雲法師的影響〉，《華梵人文學報》　12：1-24。

六　其他

（一）工具書

1. 丁福保等（1989）　《實用佛學辭典》。

臺北：新文豐出版公司。

2. 佛光大辭典編修委員會（1988）　《佛光大辭典》。
高雄：佛光出版社。

3. 藍吉富等（1994）　《中華佛教百科全書》。
臺南縣：中華佛教百科文獻基金會。

（二）報刊

1. 作者不詳　《人間福報・社論：許一個享受生命的福報年》。
臺北：人間福報，2006年1月5日。

2. 作者不詳　〈EQ之神台北現本尊〉。
臺北：中國時報，1998年3月23日。

3. 吳佩旻　〈校安意外：學生自殺、自傷明顯攀升〉。
臺北：聯合報，2018年7月9日。

4. 林益民　〈泰戈爾的學校——立報教育專題深入報導〉。
臺北：台灣立報，2003年8月11日。

（三）簡介文宣

1. 蔡傳暉等（2005）　《華梵大學通識課程選課指引》。
臺北：華梵大學人文教育研究中心。

2. 蓮華學佛園編印（出版年不詳）　《蓮華學佛園簡介》。
臺北：原泉出版社。

3. 華梵工學院護持委員等（1990）　《許杉勇大居士紀念專輯》錄音帶。
臺北：華梵工學院護持委員會、台北同修會製作。

（四）網站：

1. 百度百科
　（1）昌圓法師：
　　　　https://baike.baidu.com/item/釋昌圓
　（2）隆蓮法師：
　　　　https://baike.baidu.com/item/隆蓮法師
2. 臺灣佛教數位博物館／佛教人物／比丘尼／曉雲法師：
　http://buddhism.lib.ntu.edu.tw/museum/formosa/people/2-xiao-yun.html
3. 維基百科／斯瑞・奧羅賓多（阿羅頻多）：
　https://zh.wikipedia.org/wiki/%E5%B8%AB%E5%88%A9%C2%B7%E5%A5%A7%E7%BE%85%E8%B3%93%E5%A4%9A
4. 華梵大學通識課程介紹：
　http://hec.hfu.edu.tw/page10/pages.php?ID=page1001

萬卷樓文叢　9900009

曉雲法師教育情懷與志業（修訂版）

作　　者	陳秀慧	
責任編輯	林以邠	

發 行 人	陳滿銘
總 經 理	梁錦興
總 編 輯	陳滿銘
副總編輯	張晏瑞
編 輯 所	萬卷樓圖書(股)公司
排　　版	林曉敏
封面設計	鉅漢廣告事業有限公司

發　　行　萬卷樓圖書(股)公司
臺北市羅斯福路二段 41 號 6 樓之 3
電話　(02)23216565
傳真　(02)23218698
電郵
SERVICE@WANJUAN.COM.TW
香港經銷
香港聯合書刊物流有限公司
電話　(852)21502100
傳真　(852)23560735

ISBN 978-986-478-273-4
2019 年 6 月修訂版一刷
定價：新臺幣 260 元

如何購買本書：
1. 劃撥購書，請透過以下帳號
　　帳號：15624015
　　戶名：萬卷樓圖書股份有限公司
2. 轉帳購書，請透過以下帳戶
　　合作金庫銀行 古亭分行
　　戶名：萬卷樓圖書股份有限公司
　　帳號：0877717092596
3. 網路購書，請透過萬卷樓網站
　　網址 WWW.WANJUAN.COM.TW
大量購書，請直接聯繫，將有專人為
您服務。(02)23216565 分機 10

如有缺頁、破損或裝訂錯誤，請寄回
更換

國家圖書館出版品預行編目資料

曉雲法師教育情懷與志業/ 陳秀慧著.－
再版(修訂版). -- 臺北市 ：萬卷樓,
2019.06
面 ； 公分. -- (萬卷樓文叢；9900009)
ISBN 978-986-478-273-4(平裝)
1.釋曉雲 2.佛教傳記 3.教育哲學
229.63　　　　　　108001330